Kontakt-Auf-Name

Kristina Löffler

# Kontakt-Auf-Name

Kristina-mit-K

Für meine Lieblingskünstlerin
Stephie

Vielen herzlichen Dank
für Deine bezaubernden
Jllustrationen
Deine Kristina

Landshut, 15.05.08

Bibliografische Information der Deutschen Bibliothek:
Die Deutsche Bibliothek verzeichnet diese Publikation in der Deutschen Nationalbibliothek; detaillierte Daten sind im Internet über <http://dnb.ddb.de> abrufbar.


Herstellung: Books on Demand, Norderstedt

Titelbild: Annelie Mundt
Illustrationen: Stephanie Forster
Umschlaggestaltung, Buchblocklayout: Tamara Pirschalawa
Lektorat: Tamara Pirschalawa
ISBN: 978-3-940808-04-2

## Dank-Stelle

Als verantwortliche Buchstablerin danke ich all den Menschen, die mich auf meinem Weg begleitet, an mich geglaubt und mich unterstützt haben, von ganzem Herzen:

Allen voran meiner Familie. Meinen Eltern Elisabeth und Bernd sowie meinen Geschwistern Kathrin und Johannes.

Marga, Hartmut, Sonja, Britta und Axel Wolf.

Anneliese, Sandra, Bernd und Frank Nützel.

Meinen Freunden Simone, Melanie, Patricia, Heike, Sonja, Nathalie, Julia, Cristina, Ute, Katja, Patrick und Michael.

Frau Manuela Zenger und Frau Sibylle Martinetz-Müller.

Mein besonderer Dank gebührt den beiden Künstlerinnen Stephanie Forster und Annelie Mundt, und nicht zuletzt der Verlegerin Tamara Pirschalawa und dem Belletris-Verlag, für die wunderbare und professionelle Zusammenarbeit.

Widmen möchte ich dieses Buch meinem über alles geliebten ‚kleinen' Bruder, der es leider nicht mehr in den Händen halten wird ...

Für unseren Engel Johannes,

den wir so schmerzlich vermissen.

**Inhaltsverzeichnis**

## Kristina ... mit ‚K'!!

*Buchstabenlotto*

Guten Tag. Ich heiße Kristina – Kristina mit ‚K'! Und glauben Sie bloß nicht, dass es so einfach ist, Kristina mit ‚K' zu heißen ...

Eine Frau. Ein Name. Ein Problem. Seitdem ich denken kann, plage ich mich nun mit ihm herum. Schon mein damaliger Kinderarzt und seine verbündeten weißbekittelten Helferinnen wollten ihn – trotz zahlreicher energischer Ermahnungen meinerseits – einfach nicht lernen. Die Botschaft muss irgendwo auf dem Weg vom Gehörgang zum Gehirn stecken geblieben sein. Und so nannten sie mich munter weiterhin Christine.

Gehen wir auf Ursachenforschung: Wenn Sie mich fragen, steckt das Phänomen hinter seiner skandinavischen ‚Fassade'. Und bei deren Missachtung wird schwupps-diewupps nebenbei mein ganzer Name verfremdet ... entstellt – ja, um nicht zu sagen, verunstaltet!

Diese Eigenmächtigkeiten möchte ich mir verbieten! Mein Name ist nun mal Kristina. Mit ‚K'. Ich darf Sie hierbei auf folgende Risiken und Nebenwirkungen hinweisen:

Erstens, auch wenn die Mehrzahl der restlichen Schriftzeichen mit dem Original übereinstimmt – mein Name ist doch kein Lotteriespiel! „Glückwunsch, Sie haben sechs von acht Buchstaben richtig, und einen falschen Zusatzbuchstaben!" Also wirklich.

Zweitens kann ich den Gedanken nicht ausstehen, ein schlichtes ‚Ch' vor mir herzutragen. Es fühlt sich doch ganz anders an mit so einem ‚K'. Für Sie etwa nicht?

Und drittens nimmt das aufgekritzelte Christina-mit-Ch meist eine *ausgesprochen* eigentümliche Wandlung und wird zu Christine-mit-ä ... Verständlicherweise kann ich das nicht hinnehmen. Es kommt mir beinahe so vor, als wollte mich der eine oder andere mit einem besonders langgezogenen ‚ääää' am Ende absichtlich ärgern.

Deshalb kämpfe ich unermüdlich (und mehr oder minder vergeblich) um die Akzeptanz meines ‚K's. Nicht selten werde ich deshalb komplett als ‚Kristina-mit-K' betitelt ... Wie soll man da bitteschön ein entspanntes Verhältnis zu seinem Vornamen aufbauen, frage ich Sie? Sobald ich ihn meinem Gegenüber ins Büchlein diktiere und blitzschnell ein ‚MIT K!!' hinterherwerfe, ist es meist schon zu spät. Ohne eine Existenzberechtigung abzuliefern, womit es sein Dasein legitimieren könnte, prangt bereits ein bauchiges ‚C' auf dem Papier.

Und so kommt es, dass mein handgeschriebener Rufname auf neunhundertzweiundfünfzigtausend Anträgen, in mindestens ebenso vielen Adressbüchern und auf ungezählten Formularen stets eine ziemlich verschandelte Figur abgibt. Nach meinem tadelnden Verbesserungshinweis wird dem wulstigen Kurventeil einfach ein dicker fetter Balken an den Rücken geheftet. Ist das nicht skandalös? Seien Sie ehrlich!

Was mich aber letztendlich vollends zur Weißglut treibt, ist die unverfrorene Gleichgültigkeit mancher Zeitgenossen. Selbst wenn ich sie berichtige, ernte ich oft bloß ein gelangweiltes Schulterzucken oder werde gar milde belächelt. Als wäre es vollkommen bedeutungslos für sie. Ganz schön dreist.

Diese Buchstabenbanausen! So geht's ja nicht ... Ich bestehe auf meinem ‚K'! (Und am anderen Ende natürlich auf meinem ‚a'.) Bitte geben Sie das so weiter. Vielen Dank. Ihre Kristina.

## Kugelschreiberschwund

*Schmierige Typen*

Ich habe ein Problem, meine sehr verehrten Leserinnen und Leser. Die Diagnose: Akutes Kugelschreibermangelsyndrom.

Halb so schlimm, denken Sie? Von wegen! Wann immer einer dieser Unruhestifte(r) auf- und kurz danach abtaucht, ist es mit dem Frieden vorbei.

Gesetzt den Fall, ich befinde mich gerade ausnahmsweise einmal im Besitz eines voll funktionsfähigen (!) Minenstiftes, da spüre ich bereits die Blicke des Feindes in meinem Rücken. Die Heerschar gieriger Aasgeier, die nur auf einen klitzekleinen Fehler von mir wartet, auf einen Moment der Unachtsamkeit, um dann blitzschnell zuzuschlagen. Gnadenlos wie ausgehungerte Löwen stürzen sie sich auf ihre Beute, um mich – ohne auch nur mit der Wimper zu zucken – meines wertvollen Eigentums zu entledigen. Auszunehmen, AUSZURAUBEN.

Kaltblütig reißen sich die Kugelschreiberbanditen meinen Schreiber unter den Nagel. Hast-du-nicht-gesehen, da landet er auch schon in fremden Hemd-, Hosen- und Handtaschen, Rucksäcken oder wird – ganz unverblümt – in der bloßen Hand davongetragen! Und noch ehe ich mich wehren kann, Protest einlegen möchte, sind sie mit meinem Stift bereits über alle Berge. Daher kommt wahrscheinlich auch der Begriff ‚stiften gehen' ...

Ich fühle mich diesen listigen Unholden ausgeliefert wie ein unschuldiges Überraschungs-Ei seinem schlabbernden Besitzer. Was kann ich nur tun? Wie verhalten Sie sich denn in solch einer Situation? Alarmieren Sie geschwind die Polizei, oder schlagen Sie den Dieb gar wagemutig selbst in die Flucht?

Wenn es mir schon einmal gelingen sollte, den Entführer auf frischer Tat zu ertappen, dann mimt er natürlich das Unschuldslamm und vermittelt mir gleichermaßen das Gefühl, ein geiziger Oberknauser zu sein. Murmelt irgendeine fadenscheinige Ausrede von wegen ‚war ein Versehen' oder, noch ärgerlicher, behauptet sogar – nachdem er sich denselben ‚für einen Moment' von mir borgen wollte – selbst die Besitzrechte zu halten.

Was bilden die sich ein, diese Ganoven? Eine bodenlose Frechheit! Schließlich ist ein Ersatz nicht gerade einfach aufzutreiben. Ich meine damit einen, der meinen Anforderungen auch gerecht wird. Nein, nicht jeder Kugelschreiber ist ein richtiger und für mich und meine Bedürfnisse geeigneter Kugelschreiber. Meist mutiert er in meinen Fingern nämlich binnen kürzester Zeit zum unberechenbaren Kugelkleckser!

Ich kann mir das selbst nicht erklären. Bei jedem anderen schreibt das blöde Ding vorher einwandfreie, zierliche, feine Linien ... und bei mir? Kaum nehme ich denselben Schreibgriffel in die Hand, da tropfen auch schon dicke, unansehnliche Tintenflecke auf das Papier, verschmieren erst die obere Zeile, um sich dann über meine Hand auf das gesamte Blatt zu verteilen. Pflatsch. Schöne Bescherung.

Wobei, mir ist das Ganze ja ein Rätsel. Da leben wir nun schon im 21. Jahrhundert, klonen Schafe, spalten Atome ... und es soll nicht möglich sein, für mich einen nicht klecksenden, unschmierigen Kugelschreiber zu fabrizieren?

Anscheinend nicht. Ich sage Ihnen, ein einwandfrei schönschreibender Stift ist schwerer aufzutreiben als in der Hauptsaison ein freier Liegestuhl auf Mallorca – ohne deutsches Badevorreservierungslaken. Und genau aus diesem Grund kann ich eines der seltenen von mir ergatterten Exemplare auch nicht so locker und lässig entbehren. Freiwillig verleihe ich meinen Kugelschreiber jedenfalls nicht mehr, soviel ist sicher. – Das notiere ich mir am besten!

Ähm, kann ich mal kurz Ihren Stift haben ...?

## Witzigkeit kennt kein Pardon

*Eine verdammt heiße Angelegenheit ...*

Oh nein, bitte nicht schon wieder! Wie ich sie hasse. Diese zunächst harmlos anmutende, ohne jede Vorwarnung gestellte und halb hervorgeprustete Frage: ‚Kennste den schon?' Und noch ehe ich eine rettende Ausrede parat habe, legt der Hobbykomiker auch schon los ...

So wie jetzt. Inmitten des Pausenraums unserer Firma startet Mr. Lustig seine Darbietung. Das Schlechte dabei: Meist erinnert er sich gar nicht auf Anhieb an den entscheidenden Handlungsablauf. Von der Pointe ganz zu schweigen. Aber kein Problem, immerhin hat die Nachwuchswitzrakete selbst ihren Spaß daran und muss zwischendurch hechelnd und keuchend nach Luft japsen. Peinlich berührt verfolge ich die ersten fünf Anläufe, vielleicht doch noch auf die richtige Fährte zu stoßen. Alle weiteren unfreiwilligen Zuhörer sind natürlich längst über alle Berge und haben mich einfach meinem Schicksal überlassen.

Den Alleinunterhalter scheint das alles kaum zu kümmern. Jeder fängt mal klein an. Unbeirrt unternimmt er einen weiteren Versuch, mich mit seinem vermeintlichen Supergag zu unterhalten. Sein Kopf färbt sich vor lauter in Lachsalven erstürzender Begeisterung über den mir noch immer unerschlossenen Spitzenbrüller mehr und mehr in ein kräftiges Tomatenrot.

Leider befürchte ich zu diesem Zeitpunkt bereits, dass mich, selbst bei einer göttlichen Eingebung seinerseits, der angedachte Witzbeitrag wohl kaum vom Hocker reißen wird ... Gequält ringe ich mir ein kleines Lächeln ab. Ich bringe es einfach nicht übers Herz, der hoffnungslosen Selbstinszenierung meines Gegenübers ein Ende zu setzen. Stattdessen überfällt mich in diesem Moment Mitleid und ich gebe tapfer gespannte Neugier vor.

Insgeheim aber schäme ich mich zutiefst über so wenig Courage. Eine unangenehme Wärme schießt mir in den Kopf. Ich beginne zu schwitzen. Meinen Spaßvogel vom Dienst stört das natürlich wenig, und er unternimmt frohen Mutes einen weiteren, na nennen wir es Witzerklärungsversuch. Noch immer verstehe ich nur Bahnhof vom bisher wirren Gestopsel und Geglückse des Möchtegern-Komödianten.

Sein Gesundheitszustand bereitet mir dafür zunehmend Sorgen. Durch die anhaltende Dauer der Vorstellung hat sich sein Teint inzwischen leicht bläulich verfärbt. Um zumindest medizinisch das Schlimmste zu verhindern und nicht der unterlassenen Hilfeleistung bezichtigt zu werden, gebe ich mutig eine Lachattacke vor. Na, das war wohl doch keine so gute Idee! Durch meine – wenn auch gespielte – Begeisterung neu motiviert, nimmt er nun Angriff auf den nächsten Kalauer ...

„Oder den?!", ruft er zum Ach-ich-weiß-nicht-wievielten-Mal freudetrunken aus. Was für ein Albtraum. Diese Hitze! Das schweißnasse Rückenteil meiner Synthetikbluse klebt an mir fest. Immer wieder versuche ich mir gut zuzureden, dem unsäglichen Treiben endlich den Garaus zu bereiten – und scheitere doch kläglich an der eigenen Scheu, ihn vor den Kopf zu stoßen. Meine persönliche Anteilnahme steht mir unüberwindbar im Weg und wird ihre Blockade auch fortsetzen. Womöglich verletze ich den Armen mit meiner Ablehnung, meiner Härte ... Das könnte traumatische Folgen haben!

Nein. Ich harre weiter aus. Belustigte Blicke der vorbeiwandernden Belegschaft verstärken mein Unwohlsein zusätzlich. Was die sich jetzt wohl denken mögen ...? Lästern werden sie über mich, wieso ich mich der Schau freiwillig aussetze!

Seine beifallheischenden, kreativen Auswüchse treiben mich an den Rand der Verzweiflung, und ich sehne ein Wunder herbei. Jedoch vergeblich. Geistesabwesend starre ich vor mich hin und ergebe mich der entwürdigenden Witze-erzähl-Folter. Ekstatisch zieht er einen ‚Megakracher' nach dem anderen aus seinem schier endlosen Repertoire. Vorsichtig schiele ich auf meine Armbanduhr. Langsam müsste ich wieder an die Arbeit ... Neue Hoffnung schöpfend versuche ich mir Gehör zu verschaffen – schließlich wäre das doch ein plausibler Grund, oder? Ein Fluchtweg aus meiner Zwangslage?!

Keine Chance, wie im Wahn gibt er immer neue komödiantische Tiefflieger zum Besten.

Und wenn er nicht gestorben ist – zum Beispiel an akutem Sauerstoffmangel – bin ich garantiert irgendwann in meinem eigenen Saft davongeschwommen.

Na denn, auch eine Lösung ...

## Bahn frei, die Supermama ist los!

*Eine Familienmanagerin on Tour*

*– Oder: Das Trio Infernale*

Eines vorneweg: Hier geht es nicht um Mütter im Allgemeinen, hier dreht es sich um Supermama! Denn, mal ganz unter uns, kommt Ihnen das eine oder andere nicht auch bekannt vor ...?

Nehmen wir beispielsweise einen Supermarktparkplatz – ihr Lieblingsrevier. Durch die Einfahrt rollt bereits ein verdächtig aussehender Van heran. Genauer gesagt, ein petrolfarbener VW Sharan. Am Heck pappen riesige Alarmschilder – ‚Maximilian on tour' und ‚Baby an Bord' – mit denen uns die Hauptsponsoren Penaten und Alete freundlicherweise vorwarnen. Hinter dem Lenkrad befindet sich eine ca. 35-jährige Frau. Ihre beiden liebreizenden, hyperaktiven Kinder im Alter von eineinhalb und fünf Jahren, die antiautoritär (v)erzogen werden, proben gerade den Nahkampf. Und das Unheil nimmt seinen Lauf ...

Normalerweise wählt die Chauffeuse mit schlafwandlerischer Sicherheit den Parkplatz neben mir. Da weder mein Fahrzeug noch ich gerade persönlich anzutreffen sind, manövriert sie ihr Kleinbus-Ungetüm – ohne lange zu zögern – auf die noch freie Stellfläche zwischen einem schicken silbernen Porsche links und einer nagelneuen schwarzen BMW-Limousine zur Rechten. Gleichwohl es noch tausend andere, vor allem aber breitere, Parkmöglichkeiten gegeben hätte. Die Fahrerin steuert unbeirrt auf die für sie und ihr Mobil viel zu knapp bemessene Lücke zu. Nicht nur, dass die Wagendimension für sich bereits den danebenstehenden Autos den blanken Angstschweiß auf die Frontscheibe treibt, nein, auch die Fahrkünste der Großwagenlenkerin versetzen das übrige Publikum, bestehend aus Blechkarossen und vereinzelten Insassen, in Angst und Schrecken. Aber damit nicht genug ...

Wir schalten direkt zurück zur Endanfahrt auf den anvisierten Abstellbereich. Unsere dreiköpfige Reisegruppe befindet sich nun in halbschräger Position, mit dem rechten Vorderreifen deutlich über der Markierungslinie zum Stillstand gekommen. Die Handbremse knirscht. Über die rabiaten und waghalsigen Rangiermanöver hüllen wir lieber den Mantel des Schweigens. Glück hat ein Autobesitzer, der sich während des Spektakels außerhalb der eigenen vier Räder und der Sichtlinie aufhält und somit das Drama auch nicht live und in Farbe mit ansehen muss. Besonders für Herzpatienten zu empfehlen. ‚Was ich nicht weiß, macht mich nicht heiß.' Das kann das einzige Motto sein, unter dem man als Parkplatzmitbenutzer ohne blutdrucksenkende Mittel einen solchen Exkurs antreten sollte. Deshalb immer aussteigen, das Fahrzeug verlassen und nicht darüber nachdenken, welchen Gefahren Ihr motorbetriebener Liebling währenddessen schutzlos ausgeliefert ist. Wenn Sie Glück haben und lange genug in den Kaufhallen verweilen, ist der Spuk vorbei, noch ehe Sie zurück sind. Denn das, was sich in der Zwischenzeit alles abspielt, könnte Ihrem Nervenkostüm – neben der Außenhaut Ihres Autos – ganz schön zusetzen.

Wir stellen uns also vor, die grünblaue Familienkutsche hat sich mehr oder weniger zwischen die beiden parkenden Oberklassewagen ‚geklemmt'. Zunächst öffnet die Tourleiterin ihre Fahrertür bis zum Anschlag und wuchtet sich aus den Höhen ihres Sitzes. Wichtig ist, dass – aus einem mir bisher noch unerfindlichen Grund – sämtliche Türen und Tore fortan während der gesamten Räumungsaktion immer sperrangelweit aufbleiben müssen. Beim späteren Wiedereinsteig mit Vollbeladung selbstredend genauso. Leider ist der Spielraum dabei eben nur sehr begrenzt. Und dadurch macht der Silber-Porsche zum ersten (und ganz sicher nicht letzten) Mal nähere Bekanntschaft mit dem robusten Nachbarn. Nur ärgerlich, dass auch mehrmaliges Nachdrücken die Autopforten nicht doch noch ein klitzekleines Stückchen weiter aufpressen lässt. Nun gut.

Der fünfjährige Maximilian hat sein Ausstiegsportal derweil ganz eigenhändig herausgestemmt und bei dieser Gelegenheit die Seitenpartie des aufpolierten BMWs einem kleinen Belastungstest unterzogen. Die feindlichen Annäherungsversuche haben ihre Spuren hinterlassen. Egal. Das kann unsere Familie nun wirklich nicht von ihrer Einkaufsmission abhalten. Für den Porsche links ist inzwischen der Höhepunkt der Passagierentladung angebrochen. Unsere unerschrockene First Lady taucht mit ihrem Rumpf vollständig im Fahrzeugfond ab und kämpft mit dem auf der Rückbank arretierten Maxi-Cosi. Die Tür in ihrem Rücken schwenkt unkontrolliert aus.

Unterdessen macht sich Sohnemann, unbehelligt jeglicher mütterlicher Aufmerksamkeit, neugierig an den hochmodernen Griffen und Außenspiegeln der nachtschwarzen Luxuskarosse zu schaffen. Es trifft sich gerade gut, dass Max zufällig noch die Reste seiner Bratwurst mit Senf parat hat. Gelb ist einfach der ideale Kontrast zur glänzend schwarzen Oberfläche. Zufrieden betrachtet unser kleiner Künstler sein vollbrachtes Werk. Die Wurst war ohnehin schon kalt und landet achtlos auf der Motorhaube. Sozusagen als kreatives i-Tüpfelchen.

Der Mutter des hoffnungsvollen Nachwuchstalentes ist es inzwischen gelungen, die kleine Marie-Sophie mitsamt Tragegestell aus dem Inneren des Familienkarrens zu befreien. So, nun noch geschwind einen Einkaufswagen besorgt; das delegiert sie natürlich ihrem Großen. Der gönnt sich gerade eine kleine schöpferische Pause und kickt auf der Suche nach neuer Inspiration gegen die verchromten BMW-Radkappen.

„Maximilian", tönt es über die weitläufigen Parkareale, „magst du der Mami einen Einkaufwagen kaufen gehen?" Geschäftig zieht der Stammhalter mit dem orange-roten Chip von dannen. Mariechen ist zwischenzeitlich aus ihrem Mittagsschlaf erwacht und spuckt im hohen Bogen ihren Schnuller heraus. Wie eine Kind gewordene Heulboje beschallt sie den Parkplatz. „Aber Marie-Sophie, Schätzchen", versucht Supermama ihre Jüngste zu beschwichtigen, „der Maxi holt uns doch nur schnell einen Wagen." Heftig protestierend setzt die kleine Sirene zu einem neuen akustischen Hörerlebnis an. Die Erziehungsberechtigte kramt in ihrer Tasche von der Größe eines ausgewachsenen Überseekoffers nach einem Päckchen Butterkekse. Widerwillig nagt Klein-Marie am ihr gereichten Krümelteil und schmeißt es kurz darauf erbost zu Boden.

Ihr Brüderchen naht. Rumpelnd bahnt er sich den Weg quer durch die abgestellten Fahrzeuge. Was müssen die Leute auch ausgerechnet jetzt alle einkaufen! Selbst schuld. Unsere Chefeinkäuferin würdigt die während des Feldzugs ihres Sohnes attackierten Automobile jedenfalls keines Blickes. Kleinere Verluste – der anderen wohlgemerkt – gehören nun mal dazu, für so ein eingespieltes Team wie dem unseren. Und schon brausen die drei Richtung Supermarkteingang. Marie, jetzt mit Laugenbrezel bewaffnet, thront im eingeklinkten Kindersitz. Ihr großer Bruder am Wagenuntergitter (!), flach auf dem Bauch liegend. Erschrocken springen die ersten Wegelagerer beiseite.

Achtung: Für herannahende Supermamas ist *selbstverständlich* immer unverzüglich eine Gasse zu bilden! Das ist doch wohl echt nicht zu viel verlangt. Dass die heutige Hauptdarstellerin dabei hier und da einen Passanten mitschleift, oder der lahmen Frontfrau das Eisengestell in die Hacken schiebt, finde ich nun wirklich nicht der Rede wert. Bei leise aufkeimendem Wehklagen oder einem vorsichtigen Schmerzensschrei ernten die Opfer des angreifenden Dreigestirns höchstens ein gestresst-vorwurfsvolles Augenrollen.

Puh! Endlich bei den Regalen angekommen, prescht die zweifache Mami rigoros durch das gemeine Fußvolk. Zeit zu warten hat sie in ihrer Position als Familienmanagerin ohne Frage nicht. Mit dem für sie typischen ‚hab-ich's-nicht-eh-schon-schwer-genug'-Blick werden die übrigen Einkaufswütigen erbarmungslos beiseite gedrängt.

Maximilian ist seiner liegenden Position im Wagenunterteil inzwischen entflohen und häuft eifrig Berge von Gummibärchen, Prinzenrollen und Smarties in das blecherne Einkaufsgeschoss. Nesthäkchen Marie widmet sich hingebungsvoll dem Aluminiumdeckel eines der im Einkaufswagen aufgeladenen Erdbeerjogurts und cremt sich vergnügt mit dem dünnflüssigen, rosafarbenen Inhalt ein. Eine Wonne. Der Rest spritzt ziellos durch die erschrocken aufkreischende Menge. Da kommt Leben in die Bude. Die geplagte Hausfrau registriert die Farbeskapaden ihrer Schutzbefohlenen zwar mit professionell müder Miene, ihr bereitet dabei aber allenfalls der modische Auftritt ihrer kleinen Prinzessin Sorge, und so bearbeitet sie deren Gesicht, Hände und das zartviolette Benetton-Strickkleidchen mit einem Erfrischungstuch.

Vom penetranten Gemisch aus süßlichem Erdbeer-Jogurt-Duft und Desinfektionsflüssigkeit leicht narkotisiert wankt ein etwa Siebzigjähriger direkt vor die Einfahrschneise. Fluchend zischt das weibliche Familienoberhaupt ein verächtliches „Können Sie nicht aufpassen?" in Richtung Großvater und funkelt ihn mit bösen Augen und furchteinflößender Drohgebärde an. Derart eingeschüchtert ergreift dieser die Flucht.

**Regel Nummer 1:** Supermama (plus Nachwuchs) hat immer Vorfahrt und ist stets im Recht.

**Regel Nummer 2:** Sollte Supermama einmal, egal ob zu Fuß oder zu Kleinbus, keine Vorfahrt haben oder sich leicht im Unrecht befinden, tritt automatisch Regel 1 in Kraft.

Bitte merken Sie sich das!

Der kleine Max hat sich zur Stärkung erst mal einen 5-er Pack Milchschnitten aus dem Kühlregal organisiert und beißt von jeder einmal genüsslich ab. Der Rest landet unbeachtet zwischen der abgepackten Leberwurst. Anschließend hangelt er sich hoch zu seinem Schwesterherz und vollführt ein paar halsbrecherische Kunststücke am bereits fast überquellenden Wagen. Aus dem Augenwinkel erblickt die geschockte Mutter den Stuntman. Ihr gellender Aufschrei durchdringt die Obst- und Gemüseabteilung. Sie wirft die ausgesuchten Biotomaten blitzschnell beiseite und sprintet wie von der Tarantel gestochen zu einem hysterischen Rettungseinsatz heran.

Nun hat es unser Trio aber fast geschafft – von ein paar eher geringfügigen Missgeschicken und Zwischenfällen mit umstehenden Waren und Personen einmal abgesehen – und die Kassenzone naht. Flankiert von ihren kleinen Ungeheuern nimmt die Anführerin der Rasselbande zügig Fahrt auf. Marie-Sophie, deren durchnässte Laugenbrezelhälfte irgendwo zwischen Parkplatz und Wurstwaren abhanden gekommen sein muss, wo sie flüchtig an einem Gratis-Wienerle genuckelt hatte, erspäht die Süßwarenauslage der angesteuerten Zahlstation. Lautstark rebellierend erkämpfen sich ihre beiden Sprösslinge vier Duplos, zwei Hanuta-Schnitten und ein halbes Dutzend Überraschungs-Eier. Nein, zu großangelegten Diskussionen ist die strapazierte Frau Mama nun wirklich nicht mehr fähig und gibt sich daher widerstandslos geschlagen. Die kürzliche Einlage ihres Erstgeborenen in der Getränkeabteilung, wo dieser unbedingt eine Kiste Cola einklagen wollte, ist ihr – und den Kunden im Umkreis von gut und gerne 500 Metern – schließlich noch in bester Erinnerung. Und im Trommelfell. Mit einer eindrucksvollen Schrei-Bodenwurf-Einlage und minutenlanger Gangblockade untermauerte er dort seinen Getränkewunsch. Kinderzimmeranwohnerin Marie stimmte rein aus Sympathie mit in die brüderlichen Proteste ein, ohne eigentlich zu wissen, wofür sie sich derartig ins Zeug legte. Wie Sie sich denken können, verfehlten die vollzogenen Veitstänze ihre Wirkung nicht. Am Ende gab sich die erschöpfte Verhandlungspartnerin natürlich geschlagen.

Zurück zum Kassenendspurt. Vergleichbare Ausuferungen bleiben allen mittelbar und unmittelbar Beteiligten dort nun also erspart. Während der gesamte Wageninhalt auf das Rollband gestapelt wird, zieht Max sein krähendes Schwesterchen kräftig an den Haaren. Deren Strickgewand ist neben angetrockneten rosa Jogurtflecken nun auch noch mit verräterischen Spuren des soeben geköpften Schoko-Eies übersät. Die verschmierten Fingerspitzen wischt sich unsere kleine Naschkatze unauffällig an der ehemals blütenweißen Seidenbluse einer Mittvierzigerin ab, die ihr in diesem Moment einladend den Rücken zuwendet.

Die EC-Karte wechselt über den Tresen.

Vielleicht erspare ich Ihnen besser die Einlade-Zeremonie der erbeuteten Heiligtümer. Am Ende sind Sie noch der Besitzer des schwarz-senfgelb-getupften (!) BMWs oder der bedauernswerte Porschefahrer ...

Und selbst wenn Sie das ausschließen können, sollte es mich durchaus nicht wundern, wenn auch Sie demnächst mal ein angeknabbertes Würstchen auf Ihrer Vorderscheibe zwischen den Scheibenwischern vorfinden. Mit den besten Grüßen unserer Mini-Monster. Wahrscheinlich sind sie gerade wieder auf Beutezug!

## Do you speak Denglisch?

*(Only for Runaways)*

*Hi, ladies and gentlemen!* Na, alles *Roger* bei Ihnen? Ganz schön *cool*, wie locker ich Sie heute begrüße, oder? Sie müssen wissen, ich bin eben manchmal ziemlich *crazy* drauf.

*Denglisch* ist angesagt – der wilde Mix aus Deutsch und Englisch. Die angelsächsischen Gastspieler sind im Original zwar meist wenig sinnerfüllt, aber was soll's. So werden Sie mit den Begriffen *Handy* für Mobiltelefon oder *Showmaster* für einen Fernsehmoderator bei unseren britischen Nachbarn allenfalls für verständnisloses Schulterzucken sorgen. Das tut der germanischen Begeisterung natürlich keinerlei Abbruch. Und dieses *Denglisch* ist jetzt auch so was von *in*, das glauben Sie gar nicht! Es macht eben einfach viel mehr her als unsere schnöde Muttersprache allein.

Die *Wellness-* und *Lifestyle*-Branche erlebt jedenfalls einen wahrhaften *Boom*, seitdem sie einfach Altbekanntes im neuen *denglischen* Gewand präsentiert. Von wegen *Dinner-Cancelling* und *Power-Napping* und so. Gut, früher hätte man einfach Nulldiät und Mittagsschlaf gesagt, aber ich will nicht meckern. Der *Run* auf alles, was ‚veranglizistischt' wurde, ist jedenfalls ungebremst. Trotzdem mahne ich zur Vorsicht! Bevor Sie jetzt in Ihrem jugendlichen Leichtsinn das Abendessen *canceln*, sich dafür zuvor noch mit der doppelten bis dreifachen Mittagsportion in der Kantine wappnen, um gleich anschließend ein, zwei Stündchen *Power* zu *nappen* ... *Be careful!* Es könnte sein, dass darunter nicht nur Ihre Figur aus den Fugen gerät, sondern – gelinde ausgedrückt – auch *Job* und Karriere leiden. Der *Headhunter* lässt grüßen ...

*Come in and find out*, so lautete bis vor kurzem der weltmännische Werbeslogan einer großen Parfümeriekette. ‚Reinkommen und entdecken', frei übersetzt. Und was hat das dumme Volk stattdessen verstanden? ‚Komm rein und finde wieder raus' ... Wenig einladend. Oder der Autohersteller, der den gut versteckten Sparstrümpfen seiner Kundschaft mit einem beschwingt internationalen *Drive alive* das Geld entlocken wollte. Dabei hätte man doch nun wirklich erwarten dürfen, dass die Bürger wenigstens ein Mindestmaß an fremdsprachlicher Allgemeinbildung mitbringen und somit die *Message* ‚lebendiger Fahrspaß' richtig interpretieren. Aber, was soll ich Ihnen sagen: NEIN! ‚Lebend ankommen' deuteten es die potenziellen Käufer stattdessen. Ob das nun im Sinne der kreativen Köpfe war ...? Ganz schön nach hinten losgegangen, würde ich mal behaupten.

Deshalb habe mir jetzt auch überlegt, dass ich diesen ganzen *Denglisch-Hype* einfach gar nicht mehr mitmache! Bevor es zwischen Ihnen und mir noch zu ähnlich kommunikativen Miss(t)verständnissen kommt ...

Nee. *Sorry*. Das wäre mir echt zu *risky*!

## Die Faschingsprinzessin

*Das ist doch zum Abschminken!*

Nein, was sind das heuer nicht wieder für tolle Tage ...

Was jetzt genau daran toll sein soll, entzieht sich allerdings bislang meiner Kenntnis.

Wenn in den Narrenhochburgen der Frohsinn regiert, herrscht Ausnahmezustand in Deutschlands Innenstädten. Mit Fastnachtshütchen, Luftschlangen und Piccolofläschchen ausgerüstet, wird die fünfte Jahreszeit gebührend zelebriert. Jedoch lustig ist es für einen echten Karnevalisten mit Sicherheit nicht! Und wehe, jemand tanzt beim durchorganisierten Jecken-Alarm aus der monatelang einstudierten Reihe ...

Als Kind war mir zwar grundsätzlich jede Gelegenheit Recht, mich in fantasievolle Gewänder zu werfen und damit in fremde Rollen zu schlüpfen, aber dafür hätte ich nicht extra Fasching gebraucht. Ich habe mich 365 Tage im Jahr in auf den Dachboden entsorgte Vorhänge, antiquierte Unterröcke meiner Großmütter und unbrauchbare Stofffetzen jeder Art gehüllt. Und mich damit mindestens ebenso majestätisch gefühlt wie in einem maßgeschneiderten Prinzessinnenkleid. Das hatte Klasse!

Im Gegensatz zu dem, was sich unserem gequälten Auge Jahr für Jahr auf Karnevalsumzügen bietet, allemal ... Das ist im besten Falle noch *unfreiwillig* komisch und dürfte einen Kreativitätsquotienten knapp unterhalb der Außentemperatur haben. Am Polarkreis wohlgemerkt. Mein persönlicher Favorit ist und bleibt die von in die Jahre gekommenen Vollbartträgern im eigentlich ausrangiert gehörten, schlecht sitzenden Achtziger-Jahre-Anzug aufgestülpte Narrenkappe. Der pure Wahnsinn!

Bei der TV-Inspektion des weiteren Teilnehmerfeldes kommen einem eher die Tränen ...

Und ich spreche hier nicht von Lachtränen! Eher Bekundungen des tiefen Entsetzens, die sich meiner bemächtigen, wenn ich sehe, wie eine übergewichtige Endvierzigerin als knapp bekleidetes ‚Häschen' durch die Gegend ‚hoppelt'. Ihre frisch installierte Pudeldauerwelle wird gekrönt durch ein Ohrenaufsatzgestell im Stile von genmanipulierten Riesenohrenschützern. Für elektrisierende Spannung ist dennoch gesorgt, denn die für diesen besonderen Anlass zugelegte Netzstrumpfhose steht kurz vor der Explosion und offenbart unmaskierte Einblicke auf wurstpellenartig eingezwängte Oberschenkel.

Vor lauter Schreck habe ich mich am Kaffee verschluckt.

Ein weiterer Klassiker ist auch die demonstrativ nichtssagende Kombi aus Ringelshirt und Matrosenhütchen. Besonders apart mit zum Brüllen komischer Hornbrille-plus-angeschweißtem-Schnurrbart-und-Gummiknollennase.

Eine wahre Augenweide.

Dieses Spektakel ist aktiv vermutlich nur mit einer ordentlichen Ration Alkohol im Blut auszuhalten. Ab einem Richtwert von ein bis zwei Promille wird es dann möglicherweise erträglich. So – und nur so – lässt sich erklären, was ausgewachsene Männer und Frauen dazu treibt, mit aufgemalten Apfelbäckchen und Pippi-Langstrumpf-Gedächtnis-Frisur durch konfettibestreute Straßen zu ziehen und dort nach Billigkaramellen zu ringen. Mit dem einen oder anderen Schnäpschen intus dürfte es dann auch leichter fallen, dazu olle Schlager zu trällern und urvölklerisch anmutende Paarungstänze zu vollführen. Sie sind irritiert, weshalb ich mir diesen Zirkus dann überhaupt zu Gemüte führe? Man kann dabei einfach herrlich abschalten – und das werde ich jetzt auch tun.

Sollten Sie sich aber auch einmal so richtig zum Narren machen wollen – nur zu!

Ich bin schon gespannt ‚als was' Sie gehen. Bei *Ihnen* würde ich die Fernbedienung doch glatt liegen lassen ...

Helau und Alaaf!

## Das Premium-Mitglied

*Hallo ...??*

Heute war ich im Fitness-Center.

Das erste Mal seit zwölf Millionen dreihundertfünfundzwanzigtausend Jahren. Eher mehr ...

Zumindest hätte man den Eindruck gewinnen können, als ich, wie von einem anderen Stern kommend, das Heiligtum aller Körperertüchtigungsfanatiker betrat. Sozusagen von längst vergangenen Zeiten in die High-Tech-Gegenwart der Muckibuden gebeamt wurde.

Weshalb ich mich diesem Kulturschock überhaupt ausgesetzt habe? Tja, das würde ich selbst auch gerne wissen ... Aldi ist schuld. Indirekt jedenfalls. Auf dem Weg vom Parkplatz zum Eingang baute sich vor mir ein nicht abzuwimmelnder Anwerber auf und hinderte mich unter gnadenlosem Einsatz seines Mundwerkes am Weitergehen. In Anbetracht des bedrohlich näher rückenden Ladenschlusses ließ ich mir letztendlich ein kostenloses Testtraining aufschwatzen. – Verzeihung, eine silberfarbene ‚Premium Card'.

Ob mich diese allerdings zu ebensolchen Leistungen beflügeln würde, wagte ich bereits in jener Minute zu bezweifeln. Ich habe nämlich, de facto, rein gar kein Interesse an Sportstudios. Insbesondere an der Benutzung derselben. Denkbar ungünstige Voraussetzungen also ...

Nachdem mich der weißblond gesträhnte Langhaarschnittträger vom Typ BWL-Zweitsemestler mit integrierter Surf- und Skilehrerlizenz lange genug bearbeitet hatte, konnte ich mir jedoch nicht mehr anders behelfen und sagte leichtfertig zu. Immerhin war es umsonst und selbstredend *völlig* unverbindlich.

Ich muss Ihnen gestehen, dass ich bei Entgegennahme meiner glänzenden Frei-Stunden-Berechtigung noch keinerlei ernsthafte Ambitionen gehegt hatte, tatsächlich jemals Kontakt mit dem ‚Verein' aufzunehmen – oder gar persönlich dort vorstellig zu werden. Aber da habe ich meine Rechnung ohne den gewitzten Mähnenmann ‚Jan' gemacht! Um mir die Daumenschrauben anzulegen, notierte er sich beflissentlich meinen Namen und meine Telefonnummer.

Und Sie können es sich wohl schon denken ... Natürlich habe ich – ganz Unschuld vom Lande – meinen richtigen Namen ‚Kristina-mit-K' und auch meine wirkliche und wahrhafte Telefonnummer diktiert. So blöd kann man doch eigentlich alleine gar nicht sein. Ich meine, wenn ich den Kerl schon loswerden will, dann doch bitteschön unter einer kurzfristig zugelegten ‚neuen' Identität. „Wir werden uns bei dir melden!" Na wunderbar. „Ich kann es kaum erwarten", dachte ich ernüchtert.

Aber das musste ich auch nicht. Bereits beim Aufschließen der Wohnungstüre ermahnte mich mein Telefon mit unbarmherzig schrillem Dauerklingeln. Eilig stolperte ich zum Anrufkasten und keuchte ein gehetzt röchelndes „Hallo ...??" in die Sprechmuschel. Sie kennen das sicher, sonst springt der übereifrige Anrufbeantworter an. Und noch wusste ich ja nicht, wie entlastend dessen Einschreiten für mich gewesen wäre. In meiner grenzenlosen Naivität hatte ich zu diesem Zeitpunkt noch nicht ernsthaft mit einer derart prompten Kontaktaufnahme gerechnet. War ja noch keine zwanzig Minuten her, dass ich dem Burschen in die Falle gegangen bin. „Fit For Fun, die Anja", jubilierte es mir entgegen. „Bist du die Christina?" (Und ich könnte schwören, sie hat vor ihrem geistigen Auge mein ‚K' unterschlagen ...)

„Äääh, ja ...", kam es mir zögerlich über die Lippen. Kurz hatte ich überlegt, die Existenz einer Christina – ob mit oder ohne K – unter selbiger Rufnummer zu bestreiten. Aber die dafür notwendige schauspielerische Leistung konnte ich unter dem mentalen Druck beim besten Willen nicht aufbringen.

„Super! Wann kommst du zu Deiner Probestunde?", und fuhr, ohne mich zu Wort kommen zu lassen, fort, um mir frohlockend zu verkünden: „Morgen wäre noch was frei!"

„Oh, ... das geht leider *ab-so-lut* nicht bei mir, ich muss ...", beeilte ich mich, einen Vorwand zu konstruieren, „ich muss unbedingt in die ..." – Gott, was könnte ich auf die Schnelle für eine halbwegs glaubwürdig klingende Ausrede liefern, die mich nachvollziehbar nicht in die Lage brächte, auch in den kommenden Menschheitsepochen an dem albernen Training zu partizipieren? Unruhig trippelte ich von einem Fuß auf den anderen und mein Kopf leistete Schwerstarbeit. Ein stich- und nagelfestes Alibi musste her. Und das möglichst rasch. „Ich muss unbedingt in die ... Volkshochschule ... habe ... Italienisch ...", stotterte ich mit deutlich und unfreiwillig zur Schau gestellter Verlegenheit.

Meine Güte, das würde mir diese Anja doch nie glauben! Ich war auch noch nie in meinem Leben in einer Volkshochschule. Abgesehen davon, spreche ich nicht ein Wort Italienisch.

„Gut, dann am Freitag um sechs!", übernahm sie unbeirrt meine weitere Terminplanung. Und ihr resoluter Tonfall verriet mir, dass jeglicher weiterer Widerstand meinerseits vollkommen zwecklos gewesen wäre.

„O. K. ... Dann bis übermorgen", erwiderte ich kleinlaut – noch nicht im Ansatz die Tragweite meiner Einwilligung ahnend.

Die Schwierigkeiten gingen schon bei der Materialauswahl los. Da das Haushaltsloch (mein nicht vorhandenes Budget) selbst den leiderprobten Bundesfinanzminister in mittelschwere Depressionen stürzen würde, blieb mir keine andere Wahl, als auf meinen eigenen Kleiderfundus zurückzugreifen.

Nach kurzer und spärlicher Bestandsaufnahme fiel meine Entscheidung auf eine schwarze Stoffhose, für die das Wort ‚schlicht' ein Kompliment wäre, dazu ein gräulich verwaschenes T-Shirt. Die beiden haben ihre besten Jahre schon längst hinter sich und sind mittlerweile deutlich aus der Form geraten. Komplettiert durch mein ohnehin einziges Paar Billig-Turnschuhe undefinierbarer Farbart. Nennen wir es mal *braun-ocker-beige*.

Welch liebreizender Anblick ... einfach entzückend ... Frustriert musterte ich das mir dargebotene Spiegelbild.

„Es ist ja nur für ein klitzekleines Stündchen. Danach müsste ich diese Zusammenstellung auch nie, nie, nie mehr der Öffentlichkeit präsentieren", munterte ich mich halbherzig auf. Aber einmal eben doch. Und ich sage Ihnen, sechzig Minuten können verdammt lange sein ...

Außerdem war das bei weitem nicht mein einziges Problem, wie sich noch schmerzlich herausstellen sollte. Ich mag nämlich nicht nur keine Sportstudios, ich mag auch keine Fitnessgeräte. Geschweige denn, Fitnessgeräte in Sportstudios. Darüber hinaus mag ich auch keine Aerobic-, Step-Dance- oder ähnliche vor Anglizismen triefenden Spezialkurse. Noch weniger mag ich die Meute der Fitness-Studio-Mitbenutzer (oder die, die ich mir dort vorstelle). Von den dazugehörigen Trainern rede ich hier noch gar nicht. Wenn ich es mir so recht überlege, mag ich es nicht nur nicht, sondern es ruft bei mir ein deutliches Gefühl des Unbehagens, ja, ich möchte fast sagen, der vehementen Ablehnung hervor. Des Widerwillens. Des Grauens. Ekel. HASS.

Trotz dieser Fakten quälte ich mich an besagtem heutigen Freitag tapfer lächelnd in Richtung Glasschwingtüre des ultramodernen, türkis eingefassten Gebäudes. ‚Fit For Fun' prangte es in dicken, fliederfarbenen Lettern über dem Eingangsbereich. Welch grenzenloser Hohn ... Lethargisch bewegte ich mich hinein. Etwas verloren stand ich nun, wie ein herrenloses Gepäckstück, auf der Schwelle des Fitness-Tempels. Im Stillen flüsterte ich mir schnell noch ein paar aufmunternde Worte zu, deren Inhalt ich selbst weder verstanden noch ernsthaft geglaubt habe. Irgendeine stupide Durchhalteparole schätzungsweise.

Und da war ich nun eben angekommen in der ‚Fit For Fun'-World, pardon, -Welt. Bei vorsichtiger Inaugenscheinnahme der Trainingsgemeinde wurde ich bereits von streng musternden Blicken durchbohrt, und noch hatte ich mich nicht mal in meine spärlich sportive Schale geworfen. Ziellos wankte ich über die ersten Meter durch eine Masse gestählter Körper, bevor ich in der Raummitte einen ‚Service Point' erkunden konnte. Zaghaft näherte ich mich dem Tresen der gelangweilt Kaugummi kauenden Empfangsbarbie.

„Hallo, mein Name ist Kristina!" (Konnte nicht mal auf mein ‚K' hinweisen, daran erkennen Sie, in welcher Ausnahmesituation ich mich befand), versuchte ich sie betont locker und beschwingt aufzuklären. Unbeeindruckt blickte die Angesprochene von ihrer Leselektüre, sprich der aktuellen ‚Glamour', zu mir auf. Ihre Augen gaben mir unverhohlen preis, dass ich für sie ähnlich deplatziert wirken musste wie eine Erscheinung der leibhaftigen lila Milka-Kuh. Wobei die wenigstens farblich gut hierhin gepasst hätte.

„Hi", presste Barbie nur knapp hervor. Mit demonstrativ hochgezogener Augenbraue nahm sie mir meine silbern blitzende Premium Card ab und investierte keine große Mühe, ihre Geringschätzung zu verbergen. „Da vorne sind die Umkleiden ...", gab sie mir noch kurz mit auf den Weg und wandte sich sogleich wieder wichtigeren Dingen, in Form einer ausführlichen Handmaniküre, zu.

Es folgte die Stunde der Wahrheit: Ich musste mich in meiner zusammengestöpselten Sportausrüstung vor das gestrenge Fachpublikum wagen! Welch zauberhafte Aussichten ... Dem gebotenen Ernst der Stunde angemessen trabte ich mit betretener Miene in die sterilen Umzieh-Räumlichkeiten. Den Ort der Offenbarung. Beim Überstülpen meiner mitgebrachten Klamotten schielte ich zu drei langbeinigen Grazien neben mir, die sich – meinereiner keines Blickes würdigend – in superschicke knallfarbene Hauteng-Leggings und Bauchfrei-Tops zwängten. Dass es sich ausnahmslos um sündhaft teure Teile eines äußerst angesagten Herstellers handelte, versteht sich von selbst. Daneben fühlte ich mich wie ein Elefant in der Ballettstunde. Dankenswerterweise war ich aber ohnehin nur Luft für das Model-Trio, und so blieb ich alleine in meinem wenig schmeichelhaft sitzenden Sportdress auf der spartanischen Bank zurück.

Mein leeres Vor-mich-hin-Stieren fand sich in einem wandfüllenden Riesenspiegel wieder, der vermutlich nur für den Zweck eingebaut worden war, mich noch weiter bloßzustellen. Aber da half nun alles nichts. Ein unbemerkter Rückzug durch die Haupthalle schien ausgeschlossen. Mutigen Schrittes stellte ich mich also meinem Schicksal und drückte die Türklinke zum Gerätebereich auf. Mein ängstlicher Blick schweifte ziellos über das weitere Starterfeld. Allesamt Vollprofis, keine Frage. Und dann kam Jan (übrigens derselbe Jan vom Aldi-Parkplatz). Innerlich endgültig resignierend schlurfte ich ihm in meinem Graue-Maus-Outfit entgegen. „Na, biste fit?“, begrüßte er mich geistreich. „Hallo ...??“, konnte ich nur schwach erwidern. Und das ungewisse Grauen schwang in meiner Stimme förmlich mit.

An dieser Stelle blenden wir uns aus. Ich weiß, ich weiß, Sie würden jetzt gerne wissen, wie es weitergegangen ist, aber ich muss Sie enttäuschen. Das ist mir dann doch zu ... privat.

Nur so viel zu Ihrer Information: Es war in jedem Fall und mit definitiver Sicherheit der letzte Besuch eines derartigen Etablissements in meinem Leben.

Das habe ich mir jedenfalls hoch und heilig versprochen!

## Achtung, Achtung!

*Hier spricht der Secret Service*

Gehen Sie gerne einkaufen? Oder empfinden Sie es eher als lästige Pflicht? – Nun, darum herumkommen werden wohl auch Sie kaum. Haben Sie sich dann schon einmal überlegt, wie viel Zeit unseres Lebens wir alleine in Kaufhäusern und Supermärkten zubringen? Da dürfte doch einiges zusammenkommen, also mindestens ... ach egal. Was viele nicht wissen: Es ist dort nicht immer alles so, wie es zu sein scheint! Aber lesen Sie selbst ...

Der SCSS und seine undurchsichtigen Machenschaften.

Wie, das sagt Ihnen jetzt nichts? Ich habe da mal ein klein wenig recherchiert und für Sie exklusiv ein paar höchst brisante und bislang wohlbehütete Abläufe aufgedeckt.

Der sogenannte ‚SCSS' (**S**hopping **C**enter **S**ecret **S**ervice) operiert stets mit verschlüsselten, durch Zahlencodes getarnten Botschaften. Mit Hilfe dieser Geheimsprache werden hochsensible und streng vertrauliche Absprachen getroffen. Sie müssen sich doch auch schon gefragt haben, was sich hinter dem quer durch die Regale schallenden „12 an 59, bittäää!" verbergen könnte. Was will wohl die ‚59' von der ‚12'? Befindet sich die ‚12' unter Umständen in akuter Gefahr? Wird sie vielleicht von der ‚59' bedroht, gar erpresst? Oder handelt es sich bei der ‚12' und der ‚59' um ein organisiertes und berühmt-berüchtigtes Dealer-Pärchen? Vor allen Dingen aber, wer steckt eigentlich hinter den Decknamen ‚12' und ‚59'? Oder ist Ihnen in Ihrem Leben an anderer Stelle vielleicht schon mal irgendwo eine Zwölf begegnet? Fragen über Fragen. Richtig verzwickt wird es aber, wenn internationale Verbündete mit ins Geschäft einsteigen. Als Drahtzieher fungiert auch hier wieder der hausinterne Flurfunk. „27 an 78, Fernruf, bittäää!", tönt es über die Lautsprecheranlagen. (Als ahnungsloses Kind habe ich dann immer mitgefiebert, ob wohl der An- und Ausgerufene schnell genug an den Apparat sprintet. Man weiß schließlich vom Urlaub, was ein Ferngespräch aus der ausländischen Telefonzelle kostet.)

Mit meinem jetzigen Wissen ist mir natürlich klar, dass sich dahinter weit mehr als nur ein harmloser Ferienanruf verbirgt. Und Kleingeld spielt bei den mutmaßlich im Raum stehenden Summen wohl kaum eine Rolle. Meiner Annahme nach kommen in diesem Moment zwielichtige Unterhändler aus Georgien, Weißrussland oder Albanien ins Spiel. Dieses ominöse Netzwerk beliefert dann das Duo ‚27' und ‚78' mit heißen Insider-Informationen. Absolute Vorsicht ist dabei geboten!

Um unerwünschten (und unangenehmen!) Ermittlungsarbeiten der mitlauschenden Kundschaft vorzubeugen, tarnen die Chef-Vermittler des SCSS die eine oder andere Anweisung mit einem – natürlich frei erfundenen – Namen. Einem Pseudonym. „Frau Salikewski, bitte *dringend* ins Büro!" Wenn ein derartiger Befehl über die Mikrofone geht, dann sollten Sie hellhörig werden. Dahinter steckt nach meinem aktuellen Erkenntnisstand zweifelsfrei ein äußerst heikler Spezialauftrag.

Es ist nicht auszuschließen, dass dieses heimliche Geschäft bereits abgewickelt wird, während Sie in aller Seelenruhe einen Pullover anprobieren oder gerade nichts ahnend Bananen abwiegen.

In der Regel erkennt man den Ernst der Lage an einem hektisch – und vermeintlich untätig – im Haus umherwuselnden Marktleiter. Er tritt als Oberaufsicht in Erscheinung und hält alle Fäden in der Hand. Mit einem minutiös ausgetüftelten Geheimhaltungsplan überwacht er das

Geschehen unter der Einkäuferschar. Über Handy stets im engen Kontakt mit der SCSS sichert er den Big Deal vor eventuell auftauchenden externen Schnüfflern ab. Alle Auffälligkeiten werden unmittelbar an die Schaltzentrale weitergegeben. Blitzschnell geht man dort mit einem neuerlichen Warnhinweis über die Boxen: „34 bitte umge-hend ins Lager ...!"

Gut, ich kann mich auch täuschen ... Aber was sollte sonst hinter all den codierten Instruktionen stecken?

An Ihrer Stelle würde ich beim nächsten Einkauf lieber etwas genauer hinhören.

Wer kann schon so genau sagen, welche Szenen sich gerade hinter Ihrem Rücken abspielen, während Sie völlig unschuldig durch die Gänge ziehen?

Moment mal ...

*(Eine schrille Stimme)* „Der Fahrer des Wagens mit dem amtlichen Kennzeichen XY-Z-110 wird *un-ver-züglich* zu seinem Fahrzeug gebeten ...!!"

*(Hysterisch)* „Verehrte Kunden, wir schließen in wenigen Minuten!!!"

Normal ist das nicht, oder?

## KINDER AN DIE MACHT (TEIL 1)

### Königin von Hamsterdam

*Adel verpflichtet*

Gestatten, Königin Kristina-mit-K. Sie brauchen gar nicht so zu schauen! Um ein Haar säße die gute Beatrix der Niederlande heute nicht auf ihrem komfortablen Thron, sondern stattdessen schätzungsweise auf einem simplen Holzklappstuhl im Wartebereich auf dem holländischen Arbeitsamt. Ich war nämlich im zarten Alter von vier Jahren wild entschlossen, eine leibhaftige königliche Hoheit zu werden. Eventuell auch Prinzessin, da war ich mir noch nicht sicher.

Das wollen viele, kontern Sie mir. – Gut möglich. Aber Sie unterschätzen meinen von klein auf enorm ausgeprägten, unbedingten und nicht auszuredenden Willen. Weshalb ich dann ausgerechnet Königin Beatrix' Job hätte streitig machen sollen, wollen Sie wissen? Nun, ich verrate es Ihnen.

Der Grund heißt Hamsterdam. Verzeihung, ich meine natürlich Amsterdam. Den tierischen Kosenamen verdankt es seinen lustigen kleinen Bewohnern, den Hamster(damer)n eben. Diese possierlichen Nager amüsieren sich schließlich auf das Köstlichste in Hollands Hauptstadt. Zumindest, wenn man einem Bilderbuch aus meiner Kindergartenzeit Glauben schenken darf. Aber wer, bitte sehr, hätte das beim Anblick ihrer schelmisch geschäftigen Aktivitäten je angezweifelt? So quietschfidel wie die putzigen Gesellen auf ihren kleinen Drahteseln durch die engen Gassen der Grachtenstadt brausten – das sah schon recht vergnüglich aus. Der gemütliche Gesamteindruck hat mich wohl damals zu der Entscheidung bewogen, demnächst ganz in die Niederlande auszuwandern.

Meine Eltern hatten allerdings ihre Einwände, und so blieb ich fürs Erste daheim. Dabei hätte das doch so gut passen können: Kristina-mit-K in Hamsterdam-ohne-H.

Immerhin plante ich fest, eine royale Karriere einzuschlagen. Meine blaublütigen Ambitionen untermauerte ich – nicht nur zu Karneval – mit fantasievollen Eigenkreationen. Umdrapierte blumenbedruckte Vorhanggardinen aus den frühen Fünfzigern beispielsweise, gerne kombiniert mit neckischen Spitzenunterkleidern aus den Jugendjahren meiner Omas. Das sah äußerst spektakulär aus, das dürfen Sie mir glauben! Ich meine, Trixi und Co. hätten ganz schön geguckt, wenn ich in diesem edlen Aufzug vor ihre gekrönten Häupter getreten wäre.

Später erwog ich dann, statt der majestätischen Laufbahn eventuell doch Kinderkrankenschwester zu werden. In Amsterdam, versteht sich. Aber endgültig festlegen wollte ich mich da noch nicht. Königin oder Krankenschwester, so viel war klar. Und eben bei den drolligen Oranjes.

Nun bin ich aber weder im Palast oder Krankenhaus noch im schönen Holland gelandet, sondern in großen Passagiermaschinen auf den Flughäfen dieser Welt. Wie es zu diesem Stimmungsumschwung kam? Auch hier tat ein Buch sein Übriges. Mein Englischbuch der fünften Klasse, um genau zu sein. Die Lektion über internationale Fluggesellschaften inspirierte mich zu meinem neuen Berufswunsch. Und dabei blieb es dann auch.

Aber hätte ich stattdessen, wie mein Brüderchen, mit Latein angefangen ... Die alten Römer hätten mich bestimmt nicht abgeworben!

Wer weiß, ob ich nicht längst auf einem Schlossbalkon stünde – würdevoll und milde lächelnd zu meinen Untertanen hinabwinkend ...

HAMSTERDAM

## KINDER AN DIE MACHT (TEIL 2)

### (M)ein Kinderspiel

*Das Leben könnte so einfach sein ...*

Kinder sind ja wirklich ungeheuer praktisch veranlagt. Begnadete kleine Meister im zweckmäßigen, lösungsorientierten und originell-kreativen Denken.

Leider scheint sich diese Befähigung aber über die Jahre des Heranwachsens nahezu vollständig zurückzubilden. Was nicht unwesentlich und direkt proportional an die Abnahme der abstrakten Fantasiefertigkeit geknüpft sein dürfte ...

Von derlei genialer Schöpfungskraft könnten wir ‚Großen' uns noch eine gewaltige Scheibe abschneiden! Wenn wir doch nur auch mal ein klein wenig geistesoffener und unfestgelegter an die Dinge rangehen würden. Wenn es keine Frage des fehlenden Budgets, der vorgeschobenen Undurchführbarkeit oder gar der gesellschaftlichen Regeln und Normen wäre, wie und ob ein Plan, jetzt und sofort, *eiligst* realisiert werden müsste.

Improvisation ist alles! Da werden Klorollen und Jogurtbecher zu ausgewachsenen Telefonanlagen und technisch (mehr oder minder) ausgeklügelten Funkgeräten umfunktioniert. Der Sprungseilhaltegriff mutiert zum Mikrofon, und Nachbars lammfrommer Bernhardiner-Riesenschnauzermischling ‚Waldemar' muss schon mal als stattliches Rodeopferd herhalten. Oder er wird mit Papis Feinripp-XXL-Unterhemd und einem um die hündlichen Hüften geschlungenen Pareo der Hausherrin ausstaffiert, um anschließend – flexibel wie Hund ist – in die Rolle der königlichen Kammerzofe zu schlüpfen. Geadelt wird Waldis Haupt durch ein von Kinderhänden mühselig geflochtenes und schlampig verknotetes Margeritengebinde, das ihm über beide Schlappohren bis weit vor die treu blickenden Augen baumelt. Zur Belohnung für seine geduldigen Dienste erntet er nicht nur unbezähmbares Triumphgeschrei und stürmische Liebkosungen seiner wilden Spielgefährten, sondern – und das dürfte Waldemar sicher noch viel mehr interessieren – auch eine fürstliche Bewirtung aus Salamibrötchen und Rosinenschnecken. Seiner Apanage.

Da sich partout kein Hund oder Ähnliches in meiner unmittelbaren Umgebung auftreiben ließ, entschied ich mich dazu, eine Marienkäfer-Auffangstation zu gründen. Eine richtig schöne Käferchen-WG. Mit vielen Marienkäferopas und -omas, Marienkäfermamas, -papas, -tanten und -onkels, Marienkäferkindern und all ihren Freunden. Toll was? Und zu diesem Zwecke schaffte ich, fürsorglich wie ich war (und bin), ein gemütliches Heim aus einem mit Gras, Moos und Blumen befüllten Plastikeimer für meine herzallerliebsten zukünftigen Mieter. Ja sogar für kuschelige Bettchen hatte ich in Form von Tempotaschentuchstreifen bestens gesorgt. Es sollte ihnen schließlich an nichts fehlen. Anschließend sammelte ich fleißig kleine und große Marienkäfer und half ihnen beim Umzug. Kisten und Kartons hatten sie allerdings nicht bei sich. Es war ohnehin alles gerichtet. Mit mütterlicher Besorgtheit legte ich als luftdurchlässiges und sauerstoffspendendes Dach ein Sandkastensieb darauf. Nur für den Fall, dass sich das eine oder andere Käferlein unverständlicherweise doch nicht vollends über die Vorzüge seiner privilegierten neuen Behausung im Klaren gewesen wäre oder womöglich nach einem *Aus-Flug* nicht mehr zu seiner neuen Adresse zurückgefunden hätte. Ist doch logisch, oder? Und durch mich befand sich ‚Mariechen' schließlich in netter Gesellschaft vieler rot-schwarz betupfter Kameraden, mit denen sie (oder er) sich sicher auch versehentlich eingeschleuste Blattläuse einverleibte oder – und so war es meine romantische Vorstellung – die Blüten der eingestreuten Kleeblumen, Veilchen und

Gänseblümchen genüsslich schnabulierte. Wenn das kein Leben war ... Ein wahres Schlaraffenland!

Weshalb man nun eigentlich Marienkäfer-Auffangstationen bräuchte, fragen Sie, erwachsen-nüchtern-leidenschaftslos? Na, das liegt doch auf der Hand! Haustiere besaß ich keine, meine zirka zwanzig bis dreißig Pflegepuppenkinder waren ausreichend versorgt (und ich noch nicht ausgelastet), und obendrein hätten meine sozialpsychologisch-fundierten Verhaltensstudien aus forschungstechnischer Sicht den Käferkundlern zu durchaus aufsehenerregenden Erkenntnissen verhelfen können.

Hätten. Ja, hätte nicht nach zwei oder drei Stunden irgend so ein Biologiebanause, alias meine vorbeischlendernde Mutter, die *angeblich* unfreiwillig inhaftierten Insassen aus ihrem Plastikparadies wieder befreit. Wirklich nachvollziehen konnte ich das nicht ... Sie hatten es doch so gut bei mir!

Bei der Gartenplanung meiner Eltern sorgte ich als gerade Zweijährige mit einer völlig innovativen Idee ebenfalls für Furore. Rosensträucher, Schnittlauch, Tulpen, Erdbeeren, Kartoffeln wichtelten ‚die Erwachsenen' herum. Ist doch alles langweilig, dachte sich Kristinchen-mit-K: „Oder pflanz' mer Pomm' Fritz?"

Ach, das Leben könnte ja sooo einfach sein ...

## Extrem-Führerscheining

*Meine Mission Impossible*

Habe ich Ihnen eigentlich schon einmal von meiner Fahrprüfung erzählt? Nicht? Nun, bevor ich loslege: Dieser Bericht unterliegt einer dringlichst empfohlenen Leserschutzbeschränkung. Bitte machen Sie sich in jedem Fall genauestens mit dem unten abgedruckten Schmöker-Warnhinweis vertraut! Ich weise Sie ausdrücklich darauf hin, dass Sie sich mit Ihrem Weiterlesen automatisch damit einverstanden erklären.

**Wichtiger Schmöker-Warnhinweis:** *Die nachfolgenden Zeilen sind nicht geeignet für Personen ohne gültige Fahrerlaubnis, besonders, wenn der Wunsch vorliegt, diesen Zustand irgendwann zu ändern. Die Autorin kann keinerlei Haftung für eventuell auftretende Spät- und Folgeschäden, beispielsweise Angst- und Panikattacken sowie neurotische Erkrankungen jeder Art, übernehmen. Lesen auf eigene Gefahr! Rechtsweg ausgeschlossen.*

Die Tragödie begann – wie sollte es anders sein – am Tage meiner vermeintlichen Fahrtüchtigkeitsprüfung. Und, behaupten Sie jetzt nicht, ich wäre nicht tüchtig gewesen! Im Gegensatz zu meinen (allesamt männlichen) Leidensgenossen war ich mir des Ernstes der Stunde durchaus bewusst und bereits während der gesamten Ausbildungsstunden bis in die Haarspitzen konzentriert.

Was mein Fahrlehrer nicht zuletzt dadurch zu spüren bekam, dass die Rollen leicht vertauscht zu sein schienen. *Ich* habe *ihn* davon überzeugt, weshalb das durchgeführte Fahr- oder Parkmanöver dringend verbesserungswürdig wäre und ich es unbedingt nochmals wiederholen müsste. Auf seine von belustigt über gequält bis generevt reichenden Abwiegelungsversuche, in denen er mir klarmachen wollte, dass der Prüfer ganz sicher nicht mit Geodreieck und Zirkel anrücken würde, um die Endposition des Wagens nachzumessen, und auch mir nur der damals normale rosafarbene Führerschein winkte und kein lila-gesprenkelter für besondere Leistungen, ließ mich aber gar nicht erst ein und übernahm kurzerhand selbst die Regie. Der sollte sich doch erst mal trauen, mich mit seinen einmontierten Zusatzpedalen zu überstimmen. Ha, das wäre ja noch schöner!

Zurück zum Tag X. Während die übrigen Prüfungsanwärter, bei deren Zuckeltouren ich teilweise unfreiwillig mit an Bord war, also vor Optimismus und Gottvertrauen trieften, überkam mich bereits eine düstere Vorahnung. Anders als mein geschätzter Herr Fahrlehrer war ich längst nicht so zuversichtlich. Seiner sachkundigen Meinung nach war ich unter den antretenden Zöglingen die Sicherste. Da konnte quasi gar nichts schief gehen.

Wer's glaubt wird selig, schließlich kennt doch jeder mindestens eine original Führerscheingruselgeschichte. Also bin ich, für alle Fälle gerüstet, vom Schlimmstmöglichen ausgegangen: dem Prüfungs-Super-Gau.

Allerdings habe ich mich dieses eine Mal mit meiner dummen Schwarzseherei geirrt!

Es kam dann tatsächlich noch viel, viel schlimmer ...

Meine Nerven waren aber auch ohne dieses Vorwissen bereits bis zum Zerreißen gespannt. Und als ich da nun so wartete, wie ein Lämmchen auf seinem Weg zur Schlachtbank, da probierte ich, Zeit zu gewinnen und Fortuna gnädig zu stimmen. Mit all meinem psychologischen Geschick und Fingerspitzengefühl wirkte ich auf meine Mitschüler ein, um mich in der Prüfungsreihenfolge möglichst an letzter Stelle einzurangieren. Wobei, besonders viel Überzeugungsarbeit war dabei gar nicht nötig. Mir wurde der gewünschte Startplatz sozusagen kampflos übergeben. Erleichtert atmete ich auf. Was für ein Glück! Somit konnte ich mich mental auf meine Mission vorbereiten.

Der Fahrschulwagen, samt Prüfer und Fahrlehrer, fuhr vor, und meine Genugtuung über die flugs durchgesetzte Fahrtaufstellung war kaum zu verbergen. „Die armen Hascherl!", dachte ich mitfühlend. Und nicht minder selbstzufrieden.

Nur leider hatte ich die Rechnung ohne meinen Lehrmeister gemacht: „Kristina-mit-K, steig schon mal ein!", tönte es mir entgegen.

Sie können mir glauben, dieser Satz fuhr mir förmlich durch Mark und Bein. Das durfte nicht wahr sein ...! Ich war doch noch *ü-ber-haupt* nicht bereit. Meine schöne Taktik ... über den Haufen geworfen ... vernichtet. Ungläubig starrte ich den Zerstörer an. Dieser ließ sich von meinen darauf folgenden Einwänden aber in keinster Weise beirren und bat mich, mit betont munterer Stimme, ans Lenkrad. So muss sich eine Fliege fühlen, die gerade festgestellt hat, dass sie dummerweise auf einer fleischfressenden Pflanze Rast macht ...

Schon da wusste ich, dass die Sache praktisch gelaufen war. Was hätte ich jetzt, bitteschön, noch für eine Chance haben sollen?

Der Prüfer – vom Typ Oberfinanzbeamter, mausgrauer Anzug, mausgraue Krawatte – zeigte sich von meiner unbarmherzigen Einberufung gänzlich gelangweilt und bedachte mich keines Blickes. Ein zackiger Gruß, garniert mit der herausfordernden Anmerkung: „Wollen wir mal sehen, wie sich die einzige Frau heute so schlägt." Welch galanter Einstieg! Das stimmt natürlich optimistisch.

Schluckend befestigte ich den Sicherheitsgurt. Um für die unvorhergesehen schnelle Vorführung meiner Fahrkünste zumindest halbwegs gerüstet zu sein, stellte ich zunächst akribisch den Sitz in die für mich passende Position und machte mich an die Feinjustierung sämtlicher Innen- und Außenspiegel.

Nun bestand kein weiterer Spielraum für einen Aufschub. Meine zitternden Hände näherten sich dem Zündschloss. Ich fummelte den Schlüssel in die dafür vorgesehene Ritze und drehte ihn todesmutig nach rechts. „Alles läuft prima", sprach ich mir innerlich Mut zu. Vorbildlichst betätigte ich den Linksblinker, um der restlichen Autofahrerwelt meine baldige Losfahrt unmissverständlich anzukündigen. Noch ein ausladender Schulterblick. Professionell ließ ich den am Horizont erscheinenden Wagen vorbeiziehen. „Gut, dann will ich mal", flüsterte ich mir lautlos zu und versuchte, die ungeduldigen Prüferblicke, die mich über den Rückspiegel erreichten, einfach ebenso zu ignorieren wie sein unwirsch drängelndes Räuspern.

Der Motor heulte kurz auf, ich balancierte auf der Kupplung und wechselte wieselflink mit dem rechten Fuß von der Bremse zum Gas. Vorsichtig tippelte ich auf die Pedale. Um die leichte Ansteigung zu meistern, forcierte ich die Gasfunktion etwas und verließ den Kupplungstreter. Hopps. Ein kleiner Hüpfer nach vorne ... und dann blieb unser Gefährt erst mal stumm stehen. Abgestorben. Verreckt! Wie man bei uns rustikal und ungeniert zu sagen pflegt.

Ich schwöre Ihnen hoch und heilig, dass mir während meiner gesamten Fahrausbildung allerhöchstens drei Mal der Motor ausgegangen ist. Na, sagen wir vier Mal. Und dann passierte es just in diesem Moment. Ein bohrender Stich an meinem linken oberen Rippenbogen. Nein, keine Angst, kein Herzinfarkt. Der Prüfer hat mich auch nicht mit einem Messer abgestraft. Aber sein nicht minder scharfer Kommentar: „Das geht ja gut los", traf mich fast genauso tief. „Keine Panik, das kann doch jedem mal passieren", redete ich mir ein. (Vielleicht nicht unbedingt bei der Prüfungsfahrt, aber was soll's.) „Es ist noch nichts verloren!", beschwichtigte ich mich.

„VON WEGEN!", dröhnte eine weitere Stimme aus meinem Inneren, „das kannst du vergessen!!"

Doch noch bevor ich das mit mir selbst weiter ausdiskutieren konnte, begann meine rechte Hand wie automatisiert einen erneuten Startversuch. Diesmal erfolgreich. Nur meine beiden internen Streithähne hatten noch längst nicht genug und setzten ihre Auseinandersetzung fort.

Als Kontrastprogramm zu den aufmüpfigen Bewohnern meines Innenlebens herrschte im Fahrzeug selbst Totenstille. Es war geradezu gespenstisch, wie wir drei vom Schicksal zusammengeführten Insassen dahinkurvten.

Hilfe! Ein Fahrradfahrer! Ach, du Schreck! Panik machte sich in mir breit. Schließlich sind diese wankenden, unberechenbaren Ungetüme mein Fleisch gewordener Albtraum. Auf ihren Drahteseln herumtaumelnd und dabei völlig unkontrolliert nach rechts und links ausschwenkend, vor einem her schaukelnd ... Ein Gräuel. Ich finde, es sollte ein generelles ‚Radfahrer-auf-Straßen-Verbot' eingeführt werden.

Mein ‚R(o)ad-Man', ein etwa achtzigjähriger Greis auf seinem durchgerosteten Holland-Klapprad, bei dem eigentlich nur die Frage aufkam, wessen Zustand der desolatere war, eierte vor uns seines Weges. Alarmstufe rot. Die engen Straßenverhältnisse, der rege Gegenverkehr und, nicht zuletzt, seine bedrohlichen Fahrbewegungen ließen meinen Puls in noch unerforschte Höhen schnellen. In äußerster Anspannung heftete ich mich an seine Fersen.

Meine schweißnassen Hände krampften sich haltsuchend um das Steuerrad. Nachfahren war angesagt. Und das Ganze im Super-Zeitlupen-Kriechtempo. Eine Schnecke ist ein wahres Sprintwunder, verglichen mit der von uns formierten Bummelkarawane. Da, endlich eine Lücke auf der Gegenspur! Tief Luft geholt, Augen zu und vorbei. Was für ein Adrenalinschub. Der aufgesattelte Wackel-Dackel-Opi gurkte indes unbeeindruckt weiter.

Puh, diese Hürde wäre geschafft! Aber es lagen nur wenige hundert Meter hinter uns, und die nächste Kreuzung nahte unaufhaltsam. „Hier rechts abbiegen", schallte es monoton aus dem Wagenfond. Folgsam entsprach ich dem Wunsch des Generalbefehlshabers. „Sie müssen in Ihren Spiegel gucken, bevor Sie abbiegen!", herrschte mich der Schlipsmann im schärfsten Kasernenton an. „Aber ich habe doch ge...", beeilte ich mich, mit meiner Verteidigung anzusetzen. „Sie sollen hier nicht*s kommentieren*, Sie sollen hier *fahren*", fuhr er mir energisch über den Mund. Ein leises Grollen keimte in mir auf. Ich hatte nämlich wirklich geguckt. Ganz ehrlich.

„Nächste wieder rechts!", kommandierte der gestrenge Hinterbänkler barsch. Ich blickte also demonstrativ in den Spiegel und bog lehrbuchmäßig um die Kurve. „WIEDER NIX! Sie haben *wieder* nicht geschaut!", japste er verständnislos. Ich rang nach Luft.

Wie in Trance setzte ich meine Fahrt fort. Eisiges Schweigen. Mein als erzählfreudig bekannter Fahrlehrer (der war ja auch noch anwesend) brachte kein einziges Wort über die sonst so eifrigen Lippen. Und bei jedem Blick in den Rückspiegel stellte mir der Wegstreckenaus-TÜV-tler eine weitere vernichtende Urteilspose zur Schau. Ein wahrer Stummfilmheld, kann ich Ihnen sagen. Wildes

Kopfschütteln, impulsives Abwinken, dazu seine rot angelaufenen Wangen – der Mann hatte es echt drauf. In dem Moment konnte ich mich für seine darstellerischen Leistungen allerdings noch weniger begeistern. Ich kam mir eher selbst wie im falschen Film vor. Eine Mission Impossible auf der ganzen Linie.

Konsterniert versuchte ich, die Sache irgendwie zu Ende zu bringen. Alle Illusionen über einen erfolgreichen Ausgang hatte ich längst begraben, und mir schwante bereits, wie es weitergehen würde.

Doch zunächst baute sich vor mir einfach mal so ein dreistes Stoppschild auf. Aha. Anhalten. Kein Problem.

Ausgerechnet an diesem Tag versperrte mir nun auf der gegenüberliegenden Straßenseite ein überdimensionaler LKW, der bis an den Rand der Straße geparkt stand, die Sicht. Komplett. Dazu reger Mittagsverkehr. Geduldig wartete ich also. Und wartete. Und wartete. Als schon keiner mehr damit gerechnet hätte, dass der Betrieb auf der Vorfahrtstraße jemals wieder aufhören würde, kam dann doch noch mein großer Augenblick: Ich konnte mich langsam und mit äußerster gebotener Vorsicht zum Hauptknotenpunkt vortasten. Bravourös und voller Stolz gelangte ich zur anderen Straßenseite. „Da haben Sie ja jetzt alles aufgehalten", erreichte mich die höhnische Bemerkung aus dem Hinterhalt.

Kurze Unterbrechung. Wären *Sie* – noch dazu bei Ihrer Fahrprüfung – in eine vielbefahrene, uneinsehbare Kreuzung vorgeprescht? – Na eben.

Ich mühte mich krampfhaft, den Ausschnitt des Prüfer'schen Abbildes aus der Spiegelfläche auszublenden – was mir nur dürftig gelang. Es war noch immer mucksmäuschenstill; von den unablässigen Empörungslauten einmal abgesehen.

Apathisch fuhr ich weiter; ich musste mich dem nahenden Unheil fügen. Wieder vernahm ich ein stöhnendes Seufzen von der Rückbank. Uwe, mein Fahrlehrer, den ich vorher nur als Witze reißendes Unikum kannte, saß leichenblass neben mir. Die Hoffnungslosigkeit war allgegenwärtig. Bleierne Resignation.

Hoppla! Vollkommen unvermittelt tauchte direkt vor mir eine uns in die Quere kommende Straße auf. Und das nicht vorhandene Verkehrszeichen machte mir die Rechts-vor-Links-Lage nur allzu schmerzlich bewusst. Etwas abrupter als gewollt kamen wir zum Stillstand. Ein ironisch abfälliges Lachen (oder sollte ich sagen *Grunzen*) drang zu mir nach vorne.

„Nächste rechts", grummelte es mir entgegen. Also, um noch mal kurz zu resümieren, erst rechts, dann rechts und dann wieder rechts – was könnte das wohl werden? Ein Kreis vielleicht? Eine klitzekleine Runde zurück zur Fahrschule? Da musste man wirklich kein Hellseher sein, um zu ahnen, was die Stunde geschlagen hatte. Apropos Stunde, unterwegs waren wir zu diesem Zeitpunkt maximal zehn Minuten.

Achtung, große Preisfrage: Was war wohl die nächste Richtungsorder? – Genau! Nach rechts. Was sonst. Man muss aufpassen, dass einem beim Rückblick nicht noch schwindelig wird. Gehorsam kreiselte ich also in Richtung Start-Ziel-Einlauf.

Insgeheim sehnte ich zwar noch ein Wunder herbei, aber diese Kategorie von Wundern war an dem Tag definitiv nicht im Angebot. Da hätte es von der Dimension her schon ein achtes Weltwunder gebraucht. In einem Zustand absoluter innerer Leere steuerte ich das Fahrschulmobil neben die lauernden Prüflinge. Um eine Überflutung des Wageninnenraumes – und somit ein vorzeitiges Aus auch für die nächsten Kandidaten – zu vermeiden, zeigte ich mich tapfer. Ich führte scheinbar gelassen die mir angetragenen Abstellbefehle aus und löste den Gurt.

„Alsoooo", begann die mausgraue Eminenz mit hochtrabender Stimme. „Sie haben auf unserer kurzen Fahrt ja wohl wirklich *alles* falsch gemacht, was man nur falsch machen *konnte*." *[Er hat gelogen! Anm. d. Autorin]* Ich atmete tief durch. Unter gar keinen Umständen wollte ich diesem Ekelpaket nun auch noch den Triumph gönnen, sich an meinem Losgeheule zu ergötzen. „Sie brauchen mehr Gefühl für den Verkehr!", ereiferte er sich weiter. – So, so ...

Überheblich überreichte er mir abschließend ein Prüfungsprotokoll mit der detaillierten Auflistung meiner Fehler. Ich verließ wortlos den Ort des Rollens und Grollens.

Wahrhaftig am Boden zerstört – und inzwischen dann doch in Tränen aufgelöst – analysierte ich zu Hause den Prüfungsbogen. Drei Fehlerkategorien waren angekreuzt. Erstens: ‚Ungenügende Kontrolle des Verkehrs vor dem Abbiegen' (weil ich ja angeblich nicht in die Spiegel geschaut hatte). Zweitens: ‚Zögerliches Verhalten bei Einfahrt in die Kreuzung' (ein Witz!). Und drittens – und gleichzeitig auch der einzig berechtigt aufgeführte Patzer – ‚Unvermitteltes Abbremsen' (gestehe ich ein, da hatte ich bereits kapituliert).

In den nachfolgenden Tagen dachte ich, dass ich niemals über diese Schmach hinwegkommen würde. Durchgefallen ...!

Letztendlich gelangte ich zu der felsenfesten Überzeugung, dass ich mit an Sicherheit grenzender Wahrscheinlichkeit **nie** mehr einen rosa Führerschein (von lila Tupfen rede ich hier gar nicht mehr) in den Händen halten und auch noch durch alle weiteren Prüfungsanläufe rasseln würde. Deprimiert und von der Welt und seinen Fahrprüfern enttäuscht, gab ich mich vollständig meinem ausufernden Selbstmitleid hin.

Aber falls Sie, hochverehrter Herr Prüfer Numero 1, diese Zeilen rein zufällig lesen sollten:

Ich habe ihn inzwischen! Völlig unproblematisch, in entspannter Atmosphäre und von einem sehr, sehr netten Überwachungsleiter! Der am Ende nur eine einzige Frage an mich hatte: Wieso *ich* beim ersten Versuch eigentlich gescheitert sei. Und *das* konnte ich ihm dann irgendwie auch nicht beantworten.

Lassen Sie sich also bloß nicht *in die Lichthupe* jagen ...

Allzeit gute Fahrt! Ihre Kristina-mit-K.

## FOTOALARM! EIN DRAMA IN ZWEI AKTEN:

### Augen zu und durch

*Foto-Story / Teil 1*

Achtung! Vögelchen! Na, mal wieder im entscheidenden Moment geblinzelt? Das ist schon wie verhext! Da könnte man schwören, in den restlichen dreiundzwanzig Stunden neunundfünfzig Minuten und ein paar zerquetschten Sekunden sein Mienenspiel einigermaßen unter Kontrolle zu haben (vom Schlaf vielleicht mal abgesehen), und dann das. Just in einer solchen Situation meldet es sich wieder: Dieses unstillbare Verlangen, permanent mit den Äuglein zu zwinkern. Es ist, als ob diese beiden Gucklöcher immer genau *dann* ihr dringendes Bedürfnis zum Gehirn funken, dauerbefeuchtet werden zu wollen. Und unter gar keinen Umständen noch ein paar Sekündchen Aufschub für ihre egoistische Notdurft besteht.

Um die beiden Nervensägen zu überlisten, fängt man also an, in der heißen Vorbereitungsphase wie wild die Lider aufzureißen und zuzukneifen. Was entweder zur Folge hat, dass der werte Fotograf spontan, schon früher als ursprünglich angekündigt, Ernst macht, und man nun unweigerlich mit seiner doch etwas sonderbaren Gesichtsgymnastik abgelichtet wird. Oder aber, der Typ drückt einfach nicht ab! Man wartet und wartet, und sowohl die Augenrollos als auch die übrigen Gesichtszüge verselbständigen sich mehr und mehr.

Fehlt nur noch der neunmalschlaue Tipp: „Schau doch einfach ganz natürlich – und immer schön lächeln!" Haha, guter Witz. Einfach mal eben so gaaanz natürlich aus der Hüfte heraus und hyperfotogen in die Linse zu grinsen. Womöglich noch unter den neugierigen Blicken Schaulustiger. In besonders grausamen Fällen handelt es sich dabei um die eigene Verwandtschaft. Und alle haben sie noch mindestens einen superguten Ratschlag für das überforderte Laien-Modell parat. Mit diesen genialen Instruktionen gefüttert, bemüht sich ein jeder, sich von seiner – hoffentlich vorhandenen – Schokoladenseite zu präsentieren. Im Versuch, möglichst angestrengt-unangestrengt sein zauberhaftestes aller zauberhaften (und im Spiegel lange einstudiertes) Lächeln zum bildlichen Besten zu geben. Mit vollständig geöffneten Augen nicht zu vergessen. Sonst war's ja eh für die Katz'. Wer will schon durch die Hände des gesamten Freundes- und Bekanntenkreises wandern, als hätte man entweder einen über den Durst gebechert oder komplett einen an der Waffel? Das kann nur dämlich aussehen.

Mit all diesem Wissen befinden wir uns als auserwähltes Knips-Objekt der Begierde unter einem schier unmenschlichen Druck. Schließlich wird dieses entstehende Werk damit für alle Zeiten als nicht mehr zu leugnendes Beweismittel Bestand haben. Ein abgelichtetes Mahnmal für die nachfolgenden Generationen. Und wer weiß, wem das entwickelte Vermächtnis nicht noch alles in die Hände gerät ...

Ich merke schon – Sie sind ein richtig gewiefter Fuchs! Haben Erfahrung auf dem Gebiet des organisierten Bilderklaus, wenn das Resultat mal wieder weniger berauschend ausgefallen ist. Aber, ob Sie sich darauf verlassen können? Vergessen Sie nicht die Negative! Und wie ist das überhaupt mit eingespeicherten Digitalaufnahmen? Tja, die komplette Kamera werden Sie auf Ihrem Beutezug verletzter Eitelkeiten wohl kaum unbemerkt mitgehen lassen können.

Ach so, Sie stellen sich prinzipiell nicht für Shootings zur Verfügung? Sind immer gerade dann – rein zufällig – auf Toilette oder gehen mit Ihrer Blitzlicht-Aversion in die Offensive? Geben Sie's schon zu, von den unermüdlich auf der Lauer liegenden Privat-Paparazzi finden selbst Sie kein dauerhaftes Entkommen. Schließlich bereitet gerade das erfolgreiche Einfangen *unfreiwilliger* Opfer eine besondere Genugtuung. Aus gut informierten Kreisen wurden mir Informationen zugespielt, wonach auch von Ihnen eindeutiges Bildmaterial existiert, auf dem Sie mit halb abgewandtem Kopf und wehender Mähne die Flucht ergreifen wollen. Wie ein aufgeschrecktes Wildpferd beim Anblick eines Leoparden. Ebenfalls weiß ich aus verlässlicher Quelle, dass Sie bereits mehrfach einem skrupellos jagenden Schnappschießer gänzlich unvorbereitet vor die Flinte getappt sind. Ihr wahrlich angsteinflößender Gesichtsausdruck und die energisch zum Fluchen geformten Lippen finden in den fremden Familienarchiven ein ebenso vielbeachtetes wie -belachtes Zuhause.

Wiederum, sind es nicht gerade diese kleinen amüsanten Ausrutscher, weswegen wir alle so gerne in fremden Alben stöbern? Da ist der Spaß doch groß! – Außer, man wird dort selbst gerade ausgestellt ... Und stößt vollkommen unvermittelt auf seine eigene fotografische Entgleisung: Irrtum leider ausgeschlossen! In diesem Fall gilt eindeutig: Augen zu und durch.

Aber ansonsten rate ich Ihnen: Halten Sie Ihre Äugchen offen – und nicht vergessen: CHEEEEESE!

## FOTOALARM! EIN DRAMA IN ZWEI AKTEN:

### Uuund, Klappe! (Licht aus, Spot an ...)

*Foto-Story, die 2.*

Klick! Da hat es Sie also mal wieder erwischt! Ein Kamera-bewaffneter Mitmensch empfand diesen Moment als geradezu auserkoren, um ihn auf Fotopapier zu verewigen. Beziehungsweise vorübergehend ‚auf den Speicher zu stecken'. Denn wer – außer mir vielleicht – besitzt denn noch so ein stinknormales, altmodisches Knipsgerät? Stattdessen greift eine wahre Digi-und-Handy-Cam-Mania um sich. Egal wann, wie und wo man sich gerade aufhält, unter Garantie ist der nächste Kammer(a)-Jäger nicht weit.

Vorbei auch die Zeiten, in denen lediglich eine erlauchte Minderheit im Besitz einer Filmausrüstung war, mit der dem erweiterten Familienkreis plus staunender Nachbarschaft die Highlights des verregneten Campingurlaubs, der trostlosen Silberhochzeit oder die peinlichsten Szenen der Weihnachtsfeier präsentiert werden konnten.

Ebenfalls längst passé ist die Folterung des geduldig aufgereihten Publikums mit abenteuerlich verwackeltem und kaum zu identifizierendem Bild-, Ton- und Diamaterial. Die deutsche Durchschnittsfamilie ist in der Zwischenzeit mit technischem Gerät bestückt, das zweifelsohne jeden der dreieinhalb Fernsehsender meiner Kindheit vor Neid hätte erblassen lassen.

Heutzutage verhindert eine garantiert idiotensichere Handhabung die damaligen Pannenprojekte aus der Familienkleinkunst. Sodass Vati nun völlig problemlos im Stande ist, unfallfrei alles in Szene zu setzen, was aus Versehen vor sein Objektiv stolpert. Der Camcorder wird einfach 24 Stunden, rund um die Uhr, blind auf sämtliche

Banalitäten des menschlichen Daseins gehalten. Vermutlich wird sich niemals mehr ein Mensch für das entstandene Werk interessieren, aber wenigstens wurde es – für alle Eventualitäten – schon mal für die Nachwelt konserviert.

Es scheint wohl schlicht und ergreifend den Frust des grauen Tagesgeschehens aufzuwerten, wenn Papi die Kamera dazu schwenkt. Oder probt man mit dem eigenen Nachwuchs schon für dessen Hollywoodkarriere in spe? An mangelnder Filmerfahrung dürfte es zumindest nicht mehr scheitern ...

Neben den ‚laufenden Bildern' sind es natürlich auch die digital aufgenommenen Schnappschüsse, die alle Welt in Bewegung (fest)hält. Die Geburtstagsfeier von Tante Lotti, Mutti beim Wäschewaschen, die Kinder auf dem Klo. All diese optischen Offenbarungen und fotogenen Leckerbissen sind ‚auf dem Abstellraum' des High-Tech-Wunderapparates fixiert. Für mich als absoluten Amateur in Sachen Fotoarbeiten ist, offen gesagt, nicht mal erkennbar, ob gerade geknipst oder gefilmt wird. Dafür bestaune ich immer wieder die Tatsache, dass die Kameraleute der Neuzeit gar nicht mehr durch das an der Stirn anliegende, viereckige Fensterchen schauen, sondern stattdessen in großer Geste, mit meterweit von sich gerecktem Arm die Voransicht anstieren. Das sieht doch einfach ungemein locker und fachmännisch aus.

Was dabei rauskommt ist eigentlich Nebensache. Es zählt ausschließlich der Akt des Aufnehmens an sich. Deswegen ist man eigentlich auch unterwegs. Um eben dort mit seiner neuesten Errungenschaft auch standesgemäß protzen zu können. Eine ganz neue Form des Foto-Tourismus. Der Vorteil liegt im wahrsten Sinne des Wortes auf der Hand. Auf diese Weise können die FFF (**F**oto- und **F**ilm-**F**etischisten) ihrem eigenen verstaubten und unspektakulären Alltagstrott mal ein klein wenig Glanz und Glamour einhauchen. Schließlich kommt man sich bei seinen Auftritten schon ganz schön prominent vor. Frei nach dem Motto: Wenn uns schon sonst keiner filmt, filmen wir uns halt selbst! – Genial.

Aber vielleicht sollte ich einfach mal die ‚Klappe' halten. Eine kleine Rampensau steckt doch in den meisten von uns ...

Setzen Sie sich also ruhig auch mal wieder so richtig in Szene!

## Halt! Polizei!

*Eine Musterschülerin auf Abwegen*

Ich habe ein gestörtes Verhältnis zu Polizeimännern. Und Polizeiautos. Streng genommen, generell zur Polizei. Und das, obwohl mein Opa selbst bei dem Verein war!

Begonnen hat die Misere kurz nach dem Erwerb meines Führerscheins. Ich schwöre Ihnen, dass ich damals wirklich das allererste (und einzige) Mal vergessen hatte, meine Fahrzeugpapiere ordnungsgemäß mit mir zu führen. Nach wenigen Metern fiel mir deren ‚Abwesenheit' auf, und ich überlegte, kehrtzumachen. Unglücklicherweise befand ich mich aber unter einigem Zeitdruck und entschied deshalb, meine Fahrt quasi illegal fortzusetzen.

Aus Gründen der kategorischen Meidung des ansteigenden, ampelbestückten Bahnübergangs im Zentrum, wählte ich für den Rückweg einen kleinen Umweg. Anfahren am Berg, verstehen Sie? Sie müssen bedenken, ich war ‚ganz frisch verkuppelt'.

Diese spontane Streckenänderung sollte sich im Nachhinein jedoch als fatale Fehlentscheidung erweisen ...

So, ich biege also völlig ahnungslos auf meiner Ersatzroute nach links ab, und da war sie bereits. Direkt auf der Hauptstraße. Die Polizei! Siedendheiß sprangen mir meine auf dem Dielenschrank zurückgebliebenen Papiere ins Gedächtnis. Was für ein Schock! Ja, wer hätte denn damit rechnen können? Dass man jetzt schon mitten in der Ortschaft in so eine Falle tappt ...? Ich damals jedenfalls nicht. Mein Puls schnellte in astronomische Höhen. Verzweifelt versuchte ich, eventuell vorhandene telepathische Fähigkeiten und übersinnliche Kräfte jeglicher Art zu mobilisieren, um damit die Aufmerksamkeit des Polizeibeamten von mir zu lenken. Alles vergebens. Eiskalt winkte mich der uniformierte Wachtmeister in die Parkbuchten. Geschäftig wieselte er direkt zu meiner Fahrerseite und lugte herausfordernd durch das noch geschlossene Autofenster. Mit einem möglichst unschuldigen Blick kurbelte ich die Scheibe hinunter und hoffte weiter auf ein Wunder.

Vermutlich konnte man meinen Herzschlag über die Stadtgrenzen hinaus hören. „Allgemeine Fahrzeugkontrolle! Ihren Führerschein und Fahrzeugschein, bittäää!", schmetterte es mir entgegen. Am Rande der Verzweiflung täuschte ich zunächst eine groß angelegte Suchaktion vor – wenngleich mir die geringen Erfolgsaussichten bereits im Vornherein schmerzlich bewusst waren. Und *tatsächlich ...* Obwohl ich es mir doch so gewünscht hatte, ließen sich die verflixten Papierburschen nicht herbewegen. Die hatten es sich währenddessen lieber auf dem heimischen Schränkchen gemütlich gemacht und lagen dort – ohne auf mich Rücksicht zu nehmen – auf der faulen Haut. Da half wohl alles nichts! Ich musste mich der Wahrheit stellen ...

„Also, das ist mir jetzt wiiiirklich unangenehm ...", begann ich mit bebender Stimme herumzudrucksen. Sonst hätte ich natürlich immer, und überhaupt. Den Satz hatte der gute Mann zuvor bestimmt noch nie gehört ...

„Ich könnte sofort nach Hause und alles vorbeibringen!!", beeilte ich mich, mein schonungslos abgelegtes Geständnis aufzuwerten. Überraschenderweise willigte der Hüter über Recht und Ordnung ein, und ich fuhr mit zitternden Händen nach Hause.

Keine zehn Minuten später fuhr ich erneut vor und präsentierte dem sichtlich gelangweilten *grünen Männchen* meine rosafarbene Fahrberechtigung und das geforderte Wagendokument.

Und seither bin ich nie, nie, nie mehr ohne meine Fahrzeugpapiere losgefahren. Bis heute.

Allerdings bin ich bislang auch nie wieder in eine Verkehrskontrolle geraten! – Das Leben ist ungerecht ... ☹

## Vom katholischen ‚R' und anderen Kriminellen

*Ein rrrrollendes Verwirrspiel*

Ich gebe zu, es gibt da immer mal wieder ein paar Begrifflichkeiten und Wendungen, die ich schon damals als kleines Mädchen (und auch heute als nicht mehr ganz so kleines Mädchen) hier und da ein wenig missverstehe. Oder, sagen wir besser, geringfügig falsch interpretiere.

Einer der größten Irrtümer meiner Kindheit steht in unmittelbarem Zusammenhang mit meiner Großmama. Dazu müssen Sie wissen, dass ich in Gefilden aufgewachsen bin, wo das ‚rollende R' den Ton angibt. Im Fränkischen also. Bedauerlicherweise war ich bis ins weit fortgeschrittene Kindesalter aber nicht in der Lage, so ein ‚R' auch standesgemäß zu rollen. Bei mir entstand beim Versuch, beispielsweise meinen Namen Kristina-mit-K, korrekt auszusprechen, nur ein klägliches, französisch anmutendes Gegurgel. So was geht natürlich gar nicht! Allen mühevollen logopädischen Übungen zum Trotz hielt sich mein ungebührlicher Sprachfehler hartnäckig.

Jetzt kommt meine Omi ins Spiel ... Mein gesamtes restliches Umfeld konnte selbstverständlich vollkommen perfekte ‚Rrrr's schmettern – aber mit ihren böhmischen Wurzeln fiel sie durch ihr falsches ‚Gurgel-R' ebenfalls aus der Rrrolle. Mein Irrglaube rührte daher, dass sie außerdem auch noch die einzige Katholikin in meinem Familienkreis war. Und so zählte ich eins und eins zusammen, und heraus kam: das ‚katholische R'. Später habe ich zwar herausgefunden, dass man unser gegurrtes ‚katholisches R' landläufig als ‚französisches R' bezeichnet. Aber Kristinchen war jahrelang der felsenfesten Überzeugung, dass die fremde Konfession der Grund für ihre Andersartigkeit sein musste. In diesem Punkt kam ich eben ganz nach Oma Bertl.

Zu Ihrer Beruhigung darf ich noch kurz anmerken, dass auch ich in der Zwischenzeit ein wunderprächtiges evangelisches – Entschuldigung – *fränkisches* ‚R' erklingen lassen kann!

Ein anderer Fall: Wann immer in den Nachrichten internationale Top-Terroristen gesucht wurden, hielt ich es für das Profil eines gejagten Feriengastes. (Kam dabei ein bisschen mit ‚Tourist' durcheinander.) Ich fragte mich, ob besonders Urlauber häufig eine kriminelle Laufbahn einschlagen, oder ob der Reisende als solcher schon zwielichtig erscheint – also bereits automatisch dem vermeintlichen Täterkreis angehört – und demzufolge auch wir längst ins Visier der Ermittler geraten waren. Auf den von der Polizei zur Schau gestellten Fahndungsbildern konnte ich zwar glücklicherweise nie eine mir nahestehende (oder mir ähnlich sehende!) Person identifizieren, aber ein wenig unheimlich war mir bei der Sache schon.

So als mutmaßliche ‚Top-Terrouristin' unterwegs mit meiner Familie ...

## SINGLES IM VISIER / AKTENZEICHEN I

### Auf der Pirsch

*Der einsame Jäger und Sammler*

**Achtung, Ihre Kriminalpolizei rät:** Seien Sie in diesen Tagen besonders wachsam! Zeugenaussagen zufolge hält sich ein als besonders hinterlistig eingestufter Verbrecherring in Ihrem näheren Umfeld auf. Die Fahndung gestaltet sich ausgesprochen schwierig, da es nach dem derzeitigen Stand der Ermittlungen bereits zu einem bedrohlichen Zuwachs der Bandenmitglieder gekommen ist. Zum Täterprofil: Es handelt sich um jagende Männer und Frauen im Alter von 18 bis ca. 66 Jahren. Sie benutzen den Decknamen ‚Single'. Sollten Sie verdächtig aussehenden Personen begegnen, auf die diese Beschreibung zutrifft, dann nehmen Sie schleunigst Reißaus. Es ist damit zu rechnen, dass die Täter bewaffnet sind.

Der gemeine Single ist inzwischen in alle Bereiche der Zivilisation vorgedrungen. Aber besonders in den Großstädten treibt er unkontrolliert sein Unwesen. Und ich muss Sie warnen: Der Nächste dieser Gattung ist gewiss nicht weit. Nehmen Sie sich also in Acht!

Auch im Supermarkt ist man vor ihm nicht sicher. Wenn unsereins gerade nichtsahnend und ohne böse Absichten seinen postgelben Plastikchip in den Einkaufswagenabhänger friemelt, dann schleicht er sich bereits aus dem Hinterhalt heran, schnappt sich ein drahtiges Blechungeheuer und kurvt damit hinein in die bunte Welt aus Scheiblettenkäse und Weichspüler ... Immer auf der Jagd nach neuen Opfern – einer bereitwilligen Singlefrau.

So macht er sich nun auf die Pirsch und schlängelt sich mit seinem Einkaufskarren quer durch die Regale, vorbei an aufgeregt kreischenden, überforderten Mamis mitsamt ihren brüllenden Babys und quengelnden, halsbrecherisch am Wagen turnenden Kleinkindern. Die gehören alle naturgemäß nicht in sein Beuteschema. Um das Verdachtsmoment nicht sofort auf sich zu lenken, schubst der liebestolle Bursche dabei wahllos Unmengen an Dosenwürstchen und Tütensuppen in seinen metallenen Begleiter.

An der Tiefkühltruhe angekommen, ist er dann ganz in seinem Element. Das ist sein unangefochtenes Revier: die Welt aus Salami-Baguettes und gefrorener Pasta. Ohne Rücksicht auf Verluste gibt er sich seinen Essensbeschaffungsmaßnahmen hin. Die Partnerwahl wird sozusagen vorübergehend *auf Eis* gelegt. Ungestüm manövriert er sein fahrbares Ungetüm direkt zu den Pizzaschachteln. Womöglich könnte ein Mitstreiter ihm im letzten Moment eine vor der Nase wegschnappen. Noch bevor aber die Konkurrenz auch nur den Hauch einer Chance hat, stürzt sich der Jäger und Sammler unverfroren auf die letzten fünfzehn Käse-Schinken-Champignon-Kartons. Voller Genugtuung türmt er sie auf seine bisher ergatterten Heiligtümer. Wie im Rausch braust unser Tiefkühl-Pizzerianer nun in Richtung Süßwaren. Die Liebe muss weiter warten.

Schließlich handelt es sich bei der Nahrungssuche um ein Primärbedürfnis! Dass er auf dem Weg dahin beinahe ein älteres Ehepaar ummäht, das sich gerade abmüht, unter Zuhilfenahme eines Schirmgriffes eine Packung Karlsbader Oblaten aus dem obersten Einschub herauszuangeln, bekommt er gar nicht mit. Nichts und niemand könnte ihn jetzt auf seinem Plünderungszug nach Superdickmanns und Eiskonfekt aufhalten. Im letzten Augenblick retten sich die Regenschirmrentner mit einem beherzten Satz auf die andere Seite. Einmal richtig in Konsumlaune steuert unser Süßer jetzt zur Befriedigung eines weiteren Urbegehrens in Richtung Getränkemarkt. Das wär's. Mit ein paar Dutzend Bierdosen bestückt ist er nun endlich gewappnet für sein Leben als unfreiwilliger Einzelkämpfer und kann sich wieder voll und ganz seiner eigentlichen Supermarktmission widmen.

Die heiße Phase wird eingeläutet. Er gibt ordentlich Gummi und heizt mit quietschenden Rollen über die letzten Meter. Da! Der Platz hinter der Sonnenstudiogebräunten Blondinenschönheit wäre noch frei! Unser Frauenkenner schleicht sich wagemutig an die langbeinige Unbekannte heran. Doch dann passiert das schier Unfassbare! In buchstäblich letzter Sekunde schwenkt doch glatt ein weißhaariges Mütterchen von der Nebenkasse nach rechts und zieht an ihm vorbei ... Wutentbrannt rammt er sein Eisenfahrzeug in die Hacken der Vordränglerin. Strafe muss sein. Frustriert fischt sich der einsame Einkäufer sechs Packungen Marlboro Medium aus der Zigarettenablage und fingert dabei die EC-Karte aus der Ledergeldbörse seiner Jeanshosentasche. Er weiß, wann er verloren hat.

Nachdem sich hinter ihm nun auch noch eine achtköpfige türkische Familie breit gemacht hat, die – nach ihren beiden Einkaufswägen zu urteilen – für einen mehrmonatigen Großbesuch des gesamten Clans aufrüstet, beugt er sich seinem Schicksal. Müde registriert er die gefährlichen Auffahrattacken der osmanischen Hintermänner und -frauen. Blessuren nimmt er bei seinem täglichen Kampf um Fertigpizza und Frauenherzen mit in Kauf.

Wie aus dem Nichts erspäht er an Kasse sieben ein interessantes Alternativobjekt. Nix wie rüber ...

Na bitte! Einmal hinter der rotgelockten Blümchenkleidmaus positioniert, kommt es für ihn nur noch auf einen entscheidenden Einblick an: Moment, was denken Sie denn? Ich spreche vom Wageninhalt der Dame. Denn wenn diese rote Zora Mini-Salamis, ein kleines Paket Toastbrot und eine Zweierrolle Klopapier geladen hat, dann BINGO!

Alles klar für Mister Supermarkt, da könnte was gehen. Schon wandelt der Rübezahl von eben auf den Spuren eines perfekten Kavaliers und Musterknaben. Ein wahrer Schwiegermutterliebling. Die Umgarnte spielt verlegen mit einer gekringelten Strähne ihres Haares und starrt gewollt angestrengt auf die Auslagen im Kindernaschregal. Natürlich spürt sie längst seine gierige Bewunderung und sonnt sich in der ihr zukommenden Aufmerksamkeit. Galant und formvollendet assistiert ihr Marlboro-Mann bei der Warenauflage.

Hingebungsvoll drapiert er die Artikel seiner Auserkorenen auf das fahrende Band. Die fremde Schönheit belohnt ihn mit einem dankbaren Lächeln und blinzelt neckisch-schüchtern hinter der Lockenpracht hervor. Man merkt es gleich: Hier scheint ein zartes Band der Liebe zu entstehen, welches die Beteiligten ganz und gar in ihre Fantasiewelt entschwinden lässt.

„ZWÖLF ZWOUNDZWANZIG!", posaunt es urplötzlich von irgendwo ganz weit her ... Das junge Glück wird von einem seltsamen, unsensiblen Eindringling unsanft gestört: der gestrengen Kassiererin.

Entnervt trommelt diese mit ihren pinkfarbenen Krallen auf der Plastikoberfläche des weißen Pults. Das Gesicht der in Kredit stehenden Angesprochenen konkurriert derweil mit der Farbe ihrer Haarmähne. Verschreckt kramt sie in ihrem rosafarbenen Minirucksack. Wühlt einige Momente wild darin herum. Ein Glück! Erleichtert erblickt die holde Maid ihr Portemonnaie zwischen all ihren gehorteten Habseligkeiten und befördert es schließlich mitsamt einem zerknüllten Tempo, ein paar Bonbonpapierchen und einem sich im Reißverschluss des Geldbeutels verfangenen ‚o.b.' ans Tageslicht. Dicke Schweißperlen kullern unter den Ponyfransen hervor ... Hastig begleicht sie ihre Schulden.

All dies geschieht unter den schmachtenden Blicken des hormongesteuerten Supermarktcasanovas und dem aufbrodelnden Protest der bereits ungeduldigst aufgereihten Warteschlange. Da ist die Romantik erst mal raus, und die Arme ergreift hektisch die Flucht. Enttäuscht sieht er seiner Rosarot nach, die etwas unbeholfen aus der Absperrzone davonstolpert.

Die Verkäuferin als natürlicher Feind des Kauflüstlings.

Und so geht die Jagdsaison weiter! Getrieben von seinem unstillbaren Drang, endlich die *ganz große* Beute abzuschleppen ...

## SINGLES IM VISIER / AKTENZEICHEN II

### Katerstimmung

*Das wahre L(i)eben*

Und jetzt: Werbung! Ihrem verhaltenen Gesichtsausdruck entnehme ich, dass sich Ihre Begeisterung dafür eher in Grenzen hält.

Vermutlich sind Sie fest gebunden – anders kann ich es mir nicht erklären ... Für Singles ist die Welt der Verbraucherhinweise jedenfalls ein wahres Biotop. In der Reklame ist es einfach so richtig hip, alleinstehend zu sein!

Zumindest wird alles daran gesetzt, um das einzelgängerische Zielpublikum in diesen Glauben zu versetzen. Und die findigen, kreativen Köpfe widmen sich mit Hingabe den Sorgen und Nöten, den Wünschen und Hoffnungen ihrer über alles geliebten Kundschaft und legen sich so richtig ins Zeug, um aus deren vermeintlicher Not eine scheinbare Tugend zu kreieren.

Nein, wie umwerfend schön, sportlich, fit und ehrgeizig diese Verkaufsfilmchen-Singles aber auch immer durch ihren Werbealltag schweben. So unabhängig, so flexibel. So unendlich modern. Einfach beneidenswerte Powerfrauen und -männer, die eines ganz bestimmt nicht brauchen: EINE FESTE BEZIEHUNG!

Viel zu gewöhnlich, zu unpraktisch und einschläfernd langweilig. Der Single von heute will schließlich genau das Gegenteil.

Also hüpft im Spot – ganz nah an der Realität – eine bereits perfekt gestylte (und geschminkte!), supergutgelaunte Blondine im elfenbeinfarbenen Negligee voller Elan aus ihrem Bettchen. Springt hinein in einen türkisfarbenen, hautengen Gymnastikdress und tanzt zu *She's a maniac* rhythmisch durch ihr schickes Luxus-Loft. An der Kaffeemaschine angekommen, wirft sie noch schnell einen fachmännischen Blick auf die aktuellen Börsenkurse der Financial Times.

Wenige Augenblicke später besteigt Madame im todschicken Businesskostüm mit akkurat sitzender Hochsteckfrisur und großem Make-up ihr silbernes Cabrio und steuert ihre eigene Anwaltskanzlei an. Für die Mittagspause leiht sie sich mal kurz den gutaussehenden Kollegen, um mit ihm knapp bekleidet durch den Park zu flitzen, und lässt schließlich den Tag ganz für sich alleine im ‚kleinen Schwarzen' bei Sternenhimmel und Champagner ausklingen. Ja, so sieht das wahre Leben aus!

Oder diese verführerische Lady hier: In eleganter Robe mit opulent aufgedrehten Hollywood-Locken und blutroten Lippen offeriert sie ihrem kleinen Liebling ein Pastetchen mit Petersilienverzierung. Selbstredend liebevoll angerichtet auf feinstem Rosenthal-Porzellan. Im Hintergrund ertönen die sanften Klänge von Mozarts kleiner Nachtmusik. Sie braucht nur *einen* zum Schmusen. Zum Anschmiegen und Liebhaben: Wolfgang Amadeus, die Perserkatze.

Eine faszinierende Zärtlichkeit, ja Erotik liegt förmlich in der Luft. Die knisternde Stimmung gipfelt im geschmachteten *When I need you* aus den Boxen des CD-Players. Und ein romantisches Tagesende nimmt unweigerlich seinen Lauf ...

Wer möchte denn da bitteschön noch einen Partner? So einen lästigen Klotz am Bein, der überall seine Wäsche verstreut, bekocht und bedient werden will? Gut, ab und zu ein kleines Date, ein feudales Dinner, ein exklusives Rendezvous, aber bitte um Gottes Willen nichts Festes!

Keine Fänge durch Zwänge. Kein abgestandener, nervtötender Beziehungsalltag. Kuscheln kann man auch mit dem Kater.

In diesem Sinne, ich wünsche Ihnen noch einen schönen Abend mit sich!

## SINGLES IM VISIER / AKTENZEICHEN III

### Mit-Schleifen

*Li-La-Launemobil*

Ist Ihnen in letzter Zeit im Supermarkt mal eine überdimensionale lilafarbene Riesenschleife entgegengekommen? Spazieren gefahren von einer einsam dreinblickenden Gestalt, die am Rande der Verzweiflung ihre unaufhaltsamen Kreise zog?

Dann waren Sie Zeuge einer der (mit Verlaub gesagt) großartigsten Errungenschaften unserer Menschheit!

Seit geraumer Zeit ist in auserwählten Märkten nämlich einmal in der Woche Single-Shopping-Abend angesagt. Als Erkennungszeichen wird die Einkaufswagenvorderseite ganz dezent mit einer Schleife, so etwa von der Größe eines LKW-Reifens, bestückt. Und dann kann's auch schon losgehen.

Geschmückt wie eine Kuh zum Almabtrieb eiert der willige Kunde fortan auffällig-unauffällig durch die Gurkenfässchenstapel und Tiefkühltruhen des Warenhauses. Ablenkungsmanöver, die daraus bestehen, dass er (oder sie) wahllos Orangensaft, Suppenpäckchen und Fruchtjogurts in den violett beflaggten Karren packt, tarnen die zaghaften Blicke auf das restliche Teilnehmerfeld. Das Sortiment. Die menschgewordene Auslage.

„Heute haben wir für Sie im Angebot: eine pummelige Brünette, 32 Jahre, ein Meter sechzig groß, besondere Fähigkeiten: Kochen und Backen", schallt es über die Lautsprecherboxen. Ach nein, das war wohl doch bloß eine Einbildung ...

Das Kuppelmobil nimmt Kurs auf ein weiteres Highlight. Ein extra eingerichteter *Meeting-Point* inmitten des Marktes. Dort kann man natürlich prima und völlig locker Kontakt zu anderen partnersuchenden Einkäufern und Einkäuferinnen knüpfen. – Soweit die Theorie.

In der Praxis gestaltet sich die Sache dann jedoch etwas komplizierter, und es herrscht dort gähnende Leere. Ein bebrillter Enddreißiger mit deutlichen Geheimratsecken und von Mama selbstgestricktem dunkelgrünem Pullunder wirft einen verschämten Blick in die Kontaktaufnahmezone. Der verschüchterte Junggeselle vom Typ Physikstudent-im-29.-Semester, wohne-noch-daheim, traut sich dann aber nicht näher heran und ergreift eiligen Fußes die Flucht. Auch eine langhaarige Blondine, um die zwanzig, verweilt kurz in der Nähe des vermeintlich magischen Punktes und lässt ihre Blicke über die angrenzende Fläche schweifen. Kein potenzieller Kandidat in Sicht. Enttäuscht lenkt sie ihr Wägelchen in Richtung Süßwaren. Vielleicht stehen dort die Chancen besser, einen heißen Typen zu erspähen. Etwas ‚Süßes' bei den Süßigkeiten. Ich nenne das mal einen *Freud'schen Gedanken* – wenn Sie verstehen, was ich meine ...

Unweit der Fertigsuppen (unter Kennern der Szene als ultimativer Geheimtipp bekannt) pirscht sich derweil ein bierbauchiger Glatzkopf, Anfang fünfzig, an eine rotgelockte Endzwanzigerin heran, die ihn um zirka zwanzig Zentimeter überragt. Erschrocken sucht diese das Weite. Als ihr dann auch noch der Pseudo-Physiker beinahe in die Arme läuft, schiebt sie ihr verziertes Gefährt schnell zur Seite und verlässt hurtig den Laden.

Aber Bange machen gilt nicht! Schließlich kündigen sich am Schokoladenturm gerade erste Erfolge an. Die junge Blonde wird dort heftig von einem ungefähr gleichaltrigen Südländer umgarnt. Auch wenn seine Masche reichlich plump ausfällt und er die Auserwählte mit ausgelutschten

Komplimenten besudelt, scheint ihr die Macho-Nummer durchaus zu gefallen. Kindisch kichernd gibt sie die Verlegene vor.

Das läuft doch schon recht geschmeidig für unser erstes Supermarkt-Pärchen-in-spe an diesem Abend! Die zwei machen sich auf zur Kassenzone. Statt von ‚Abschleppen' könnte man hier gut von ‚Mit-Schleifen' sprechen.

Neues vom *Treffpunkt*: Der kahlköpfige Vollschlanke, der sich dort auf die Lauer gelegt hatte, ist für sein unnachgiebiges Ausharren belohnt worden. Momentan unterhält er sich angeregt mit einer dauergewellten Mittvierzigerin ähnlicher Statur. Das passt dann schon eher!

An den Kühlregalen unternimmt der bisher glücklose Pullundermann einen allerletzten Versuch und begibt sich auf leisen Sohlen zu der braunhaarigen Rubensdame. Zwar wurde diese vorhin nicht wirklich über Mikrofon angepriesen, aber durch seine lupenähnlichen Brillengläser näher in Augenschein genommen, erweckt sie durchaus sein Interesse.

Noch ist die Gute allerdings schwer in das vor ihr aufgehäufte Margarinesortiment vertieft. Angespannt feilt er an einem Schlachtplan, die attraktive Unbekannte anzusprechen. Verflixt, da fällt ihm doch glatt mal wieder nichts Vernünftiges ein. Wie bestellt und nicht abgeholt wartet er hinter seinem beschleiften Wagen. Um Zeit zu gewinnen, greift er unbeholfen nach einer wurstförmig abgepackten Kräuterbutter und bringt damit die Sache im wahrsten Sinne des Wortes ins Rollen. Die aufgeschichteten Würste des Butterbergs purzeln von ihrem Hochsitz herab und kullern kreuz und quer durch die Gegend. Mit hochrotem Kopf hechtet unser Unglücksrabe hinter den Röllchen her. Und das vor den Augen der Angebeteten. Am liebsten würde er sich augenblicklich in Luft auflösen.

Na so was, da nimmt seine Herzensdame doch tatsächlich verschmitzt lachend selbst die Verfolgung der sich am Fußboden kugelnden Kräuter-Flüchtlinge auf! Und wischt auf diese Weise kurzerhand alle Selbstzweifel des Pannenmannes beiseite. Bei der gemeinsamen Aufräumaktion werden tiefe Blicke ausgetauscht. Überlassen wir die beiden mal ihrem Schicksal.

Mein Fazit: Wenn Sie wirklich die Peinlichkeit auf sich nehmen wollen und vorhaben, in diesem farbenfrohen Aufzug durch die Gänge zu marschieren – veilchenblau geoutet und sich damit selbst anpreisend wie sauer Bier ... Bitte. Aber dass mir danach keine Klagen kommen!

Lebende Ware ist vom Umtausch ausgeschlossen.

## SINGLES IM VISIER / AKTENZEICHEN IV

### Der Fisch ohne Fahrrad

*Mildernde Umstände*

Kleines Ratespiel. Wer oder was könnte das sein: Sie sind einsam und verlassen und doch vielumschwärmt und umworben? Keiner will sie haben, aber sie werden dennoch heiß begehrt?

Richtige Antwort: die Übriggebliebenen. Landläufig auch unter dem Namen ‚Singles' bekannt.

Die Wirtschaftsbosse sind jedenfalls Feuer und Flamme und haben deren wahren Wert erkannt. Frei nach dem Motto ‚Nichts ist unmöglich!', und vor allen Dingen ‚Nichts ist zu lächerlich!', um damit nicht doch noch ordentlich Kohle zu scheffeln.

Somit bekommt die chronisch verzweifelte und eben oft vor allem äußerst finanzkräftige Klientel ein schier endloses Angebot, um ihr trauriges Dasein als Single entweder zu ändern oder einfach zu verbessern und zu genießen. Letzteres wäre den findigen Machern langfristig gesehen natürlich am liebsten. Wer verliert schon gerne seine besten Kunden? In einer Art Gehirnwäsche wird denen deshalb vermittelt, dass es zwar einerseits total *supi* ist, so frei und ungebunden zu sein, es andererseits aber doch in jeden noch so abwegigen Versuch zu investieren lohnt, diesem Zustand ein zumindest vorübergehendes Ende zu setzen. Völlig willenlos fügen sich die Singlemänner und -frauen ihrem Schicksal und machen alles, aber auch wirklich *alles* mit, was der Markt für sie zu bieten hat. Anstandslos und ohne Widerstand öffnen sich ihre Portemonnaies. Immer in der Hoffnung, endlich das große Glück zu finden. Ob es nun windig organisierte

Fisch-sucht-Fahrrad-Partys sind, auf denen jeder mit einer aufgeklebten Nummer durch die Gegend rennt und darauf spekuliert, dass sich ‚der Traumprinz' oder ‚die Traumprinzessin' mit einer aufregenden Botschaft meldet. Wobei lediglich das eine oder andere Gläschen Sekt die Anwesenden bei Laune hält, und dafür sorgt, dass sie nicht beim Anblick des restlichen ‚Fischschwarmes' mit den Beinen in der Hand die Flucht ergreifen.
Auch das Teilnehmerfeld der Einsame-Herzen-Bälle, in denen man sich in schmalziger Kulisse rot-blinkende Herzchen ans Revers oder Dekolleté heftet – sein eigenes Pech in die Welt hinausfunkend – bietet kaum Anlass zur Euphorie. Und selbst mit fremdsprachlichem Deckmäntelchen, als mysteriös-exotisches Speed-Dating verschleiert, lässt sich die tatsächliche Qualität der restlichen Partnersuchenden eben letztendlich nicht kaschieren.

Wenn trotz Kennenlern-Hotlines und Flirt-Chatrooms kein ‚Deckelchen' in Sichtweite ist, und selbst auf einer Single-Auktion nichts Passendes ersteigert werden konnte, bleibt den (inzwischen buchstäblich) armen Hascherln immerhin noch der Gang zu zwielichtigen Vermittlungsbüros, die ihre Auftraggeber – gegen eine horrende Provision versteht sich – mit frei erfundenen Schönfärbereien an den Mann oder an die Frau zu bringen verheißen.

Das einsam vor sich hin schlagende Herz ist sich prinzipiell für nichts zu schade und ergibt sich tapfer jeder unweigerlich bevorstehenden Blamage und noch so entwürdigenden Prozedur. Den schon ausführlich besprochenen Supermarkt-Single-Shoppingabenden beispielsweise. Stellen Sie sich mal vor, Sie treffen die neugierige Nachbarin, den besserwisserischen Hausarzt oder Ihren früheren Lateinlehrer, während Sie selbst mit einer lilafarbenen Monsterschleife am Einkaufswagen unterwegs sind. So völlig unverblümt auf der Suche ... Da gibt man ja vielleicht schon ein etwas jämmerliches Bild ab, oder?

Im schlimmsten Fall hat der unerwartet aufkreuzende Bekannte dann selbst noch die violette Fahne gehisst. Ups ...

Eventuell ist man mit einer etwas gediegeneren Methode doch besser beraten. Wie Sie vielleicht wissen, gibt es inzwischen wissenschaftliche Studien darüber, woran man nun so einen typischen ‚Single' erkennt und somit ganz genau weiß, ob der schöne Unbekannte an der Kasse nebenan liiert ist oder nicht. Ein geübter Wagencheck genügt: „Aha, der ist also noch zu haben."

Bedeutet das jetzt für uns: Nix wie ran an die aufgeladenen fremden Buletten? Vielleicht ist es auf diese Weise möglich, seinem Leben die entscheidende Wende zu geben?

Heraus aus der Einsamkeit, weg von dem Schuldspruch ‚allein stehend'. Was immer ein klein wenig klingt wie ‚im Regen stehen gelassen' ... Keiner mag mich. Was für ein deprimierendes Schicksal! So völlig vereinsamt, ohne festen Partner. Jenseits von braven, geordneten und herzeigewürdigen Familienverhältnissen.

Heutzutage kein Problem mehr? Von wegen – die Sittenpolizei lauert überall!

Tatort: Familienfeier. Immer wieder eine beliebte, als Frage getarnte Anspielung: „Na, was macht die Liebe?" Oder vom bajuwarischen Großonkel Max: „Host aweng an Spatz?" In Tateinheit mit fortschreitender Dauer des Alleinseins sowie des eigenen unaufhaltbaren Alters variieren die beurteilenden Blicke der verwandtschaftlichen Geschworenen von sensationslüstern-gaffend bis mitleidig-beschwichtigend.

Oh weh, wie kommt einer da wieder heil raus? Darf unter Umständen bei der Rechtsprechung noch auf mildernde

Umstände gehofft werden, oder geht es ab in den Knast? Klicken gleich die Handschellen, oder kommt die Verhörte – gegen gewisse Auflagen – noch mal mit einer Bewährungsstrafe davon? Immerhin stehen schwere Vorwürfe im Raum. Man ‚kriegt wohl keinen ab' ... Endet vielleicht als alte Jungfer ...

Zur Beweisaufnahme. Je nach Schwere des Falls hier die entlarvenden Kennzeichen:

**Warnstufe A:** Die Angeklagte versucht, sich noch mit einem leichten Schulterzucken aus der Affäre zu ziehen.

Gefolgt von **Warnstufe B:** Die Beschuldigte winkt unter hysterischen Lachanfällen gewollt lustig ab.

Bis hin zu **Alarmstufe C:** Es kommt zum emotionalen Supergau und ‚frau' erzürnt sich in einem Gegenangriff: „Ein Mann ...? Nee! Oh Gott! Ich brauch' keinen! Bin gern allein! Lasst mich gefälligst in Ruhe!!!"

Garniert mit der Aggressivität und dem keuchenden Schnaufen eines wilden Stieres kurz vor seinem Einlass in die Arena ist das für die liebe richtende Verwandtschaft der endgültige Beweis für den besonderen Ernst der Lage. Als Ausdruck ihrer ausufernden Anteilnahme werden tapsige Versuche unternommen, die Beziehungslose über ihr großes Leid hinwegzutrösten. Ihr neuen Mut zuzusprechen für den täglichen Kampf allein gegen den Rest der Welt. Und irgendwann wird sie von ihnen dann – wohl oder übel – aufs partnerschaftliche Abstellgleis geschoben. Bekommt den Stempel ‚hoffnungsloser Fall' auf die Stirn gedrückt. Nicht mehr vermittelbar. Keine gesellschaftliche Wiedereingliederung möglich.

**Im Namen des Volkes ergeht folgendes Urteil:** *Die Angeklagte wird der vorsätzlichen Paarungsunfähigkeit und arglistigen Ent-Täuschung in einem besonders* *schweren Fall für schuldig befunden und hat sich daher gemäß §1 Absatz I FGB [Familiengesetzbuch] strafbar gemacht. Das Gericht sieht es in Berufung auf ein erstelltes Gutachten als erwiesen an, dass keinerlei Aussicht auf Verhaltensänderungen zu erwarten ist. Es wird deshalb eine lebenslängliche Einzelhaft mit anschließender Sicherheitsverwahrung angeordnet.*

Einspruch, Euer Ehren! Mit ein bisschen Glück findet sich auch für die vermeintlich aussichtsloseste Sozialprognose noch ein geeigneter Bewährungshelfer. Und für den ausweglosesten Fisch ein vertrauenswürdiger Fahrradhändler ... Blubb.

## UFO-Alarm

*Vorsicht, undefinierbares Fahrobjekt!*

Sie treffen bei Ihrer Autofahrt auf eine dahinschleichende Kolonne besonders vorbildlich fahrender Automobile? Wie Musterschüler scheinen sie ihre Tachonadeln auf die haargenaue Geschwindigkeitsvorgabe festgetackert zu haben?

Hmm, woran könnte das wohl liegen? – Variante eins: Das vorderste Fahrzeug ist mit allerhand Aufklebern und Warnschildern übersät – die FAHRSCHULE! Variante zwei: Der vorderste Wagen ist ebenfalls mit zahlreichen Aufklebern und Warnhinweisen verziert – die Polizei.

Wie können Sie, als Auto Nummer 46, in dem spontanen Reiseverbund nun feststellen, was Sache ist? Welches noch undefinierbare Fahrobjekt fungiert als selbsternannter Verkehrsschrittmacher? Schließlich hängt Ihre weitere Fahrtaktik nicht unwesentlich von dieser Information ab! Forsches Drängeln und Hupen oder schön brav hinten angestellt?

Falls Sie einen guten Beobachtungsposten ergattern konnten, fällt die Entscheidung relativ leicht. Wie in der Schule, rasch mal abgeguckt, was die Nachbarn so treiben. Wenn Sie Glück haben und kein überdimensionaler Lastwagen Ihnen die Sicht versperrt, werden Sie das Geheimnis ja schnell gelüftet haben. Die Vorderleute halten riesige, fast übertrieben anmutende Sicherheitsabstände? Alles fährt wie geschniegelt und gebügelt? Von Überholversuchen keine Spur? Die Urväter der Straßenverkehrsordnung selbst scheinen unterwegs zu sein?

Dann kann es sich nur um ein polizeiliches Dienstfahrzeug an der Spitze handeln. Abgesehen davon, dass dieses streberhafte Fahrverhalten auch auf die restlichen Wagen im Umkreis von fünf Kilometern quasi epidemieartig übergreift. Beim Anblick der Herrscher über Recht und Ordnung schaltet sich das chronisch schlechte Fahrergewissen aller unmittelbar Anwesenden automatisch zu.

Beim Lenknovizen hat sich in der Zwischenzeit längst ein kilometerlanger Leerraum vor seinem Fahrschulauto gebildet. Auch die Überholfraktion gewinnt rapide Abstand zum geächteten Neuling. Immer wieder gefährlich attackiert durch die gereizte Gefolgschaft wird der arme, dahintuckernde Golf mit einschüchterndem Dauerlichthupen gepeinigt. Arg gebeutelt wagt der verängstigte Steuerlehrling eine kleine Beschleunigung – in etwa von knappen 65 km/h auf draufgängerische 67 km/h. Das ist ja schon nicht schlecht. Mehr als hundert wären doch hier eh nicht erlaubt ... Die entnervt strafenden Blicke der vorbeibrausenden Hintermänner sind ihm dennoch gewiss. Wie gemein! Immer auf die Schwachen.

Völlig anders, und viel entspannter, fährt es sich hingegen als ‚mobiles Einsatzkommando', unterwegs in der grün-weißen (beziehungsweise neuerdings je nach Bundesland auch grün-silbernen oder blau-weißen) Dienstkarosse. Erst mit gebührendem Abstand folgt der Rest der blechernen Meute. Und auf einen mutigen Überholversuch werden Sie hier vergebens warten. Die brave Schleimer-Karawane zieht geradezu verdächtig geduldig hinterher. Von Hektik und Eile keine Spur.

Achtung ist allerdings geboten, wenn sich weder das eine noch das andere rollende UFO in der näheren Umgebung ausmachen lässt. Bevor Sie das Gaspedal mit all Ihrer Entschlossenheit durchdrücken und an der Schneckenpostfahrgemeinschaft vorbeiziehen, schalten Sie lieber mal ‚blitzschnell' das Radio auf Empfang. Ihr Geldbeutel wird es Ihnen danken. Ansonsten könnte es ganz schnell heißen: Bitte recht freundlich! Und, dass Sie sich auf diesen Aufnahmen gefallen, wage ich – gelinde ausgedrückt – zu bezweifeln ...

## Schwarze Löcher

*Ewig auf der Suche*

Also, ich bin mir sicher, es gibt sie wirklich! Ziemlich sicher sogar. Schwarze Löcher.

Seien Sie unbesorgt, ich bin nicht etwa unter die Astrophysiker gegangen. Trotzdem sehe ich mich zunehmend in der Annahme bestätigt, dass sich diese geheimnisträchtigen, dunklen Abgründe heimlich, still und leise in unseren Alltag eingeschlichen haben ...

Wenn beispielsweise von dem einen Moment auf den anderen, urplötzlich – und ohne jede Vorwarnung – die Brille verschwindet. Spurlos. Auch abendfüllende Suchaktionen (die sich für Kurzsichtige besonders tückisch gestalten) enden ohne gewinnbringende Ergebnisse. Da liegt der Verdacht doch zweifelsohne nahe, dass sich das Brillengestell in so ein schwarzes Loch verirrt hat! Oder wie sehen Sie das? – Es möglicherweise von da an nie mehr von einem Menschen gesichtet wird. Einfach unwie-der-bring-lich verschwunden ist. Okay, okay, das eine oder andere Mal taucht das vermisste Objekt dann zugegebenermaßen doch wieder auf. Zumindest, wenn man zufälligerweise an einem Spiegel vorbeikommt. Was hat das dumme Ding auch auf der Stirn verloren? Ich habe es dort jedenfalls nicht hingesteckt ...

Ganz blöd ist es natürlich gelaufen, wenn man beim Anblick seiner Selbst feststellen muss, dass sich die vermeintlich entschwundene Sehhilfe eigentlich ganz ordnungsgemäß auf der Nase befindet. Also nicht, dass mir das schon passiert wäre ... Nein, nein, wo denken Sie hin ... Ich habe nur von jemandem gehört ... Ach, lassen wir das. Oder stellen Sie sich bitte einmal vor, Sie haben einen Verlust zu beklagen, bei dem Ihnen förmlich der

Atem ins Stocken gerät. Ein Gegenstand, dessen Abwesenheit sich nicht so einfach verschmerzen lässt. Ganz zu schweigen von einem möglichen Abschied für immer! Nehmen wir an, es handelt sich beim vermissten Corpus Delicti um den Schlüsselbund oder gar die eigene Brieftasche. Heikel, heikel. Ich spreche da aus eigener Erfahrung ...

„WO IST MEIN GEEEELDBEUUUUTEEEEL??" Ein greller Aufschrei durchzuckt die langsam eintretende Dämmerung. Das Wort ‚Katastrophe' wäre in diesem Zusammenhang noch stark untertrieben. Ein Drama! Eine Tragödie! Und dementsprechend nervenaufreibend gestaltet sich dann auch meine sofort eingeleitete Zielfahndung. In solchen Situationen kommt es zu einer wahren Pulsexplosion. Und das Pochen meines Herzens könnte lautstärkemäßig ohne weiteres mit einem ausgewachsenen Presslufthammer konkurrieren.

Anfangs noch versucht, systematisch vorzugehen, beginne ich also, zunächst einmal mein näheres Umfeld zu durchforsten. Ohne jeden Erfolg. Angespannt bis in die Haarspitzen rekonstruiere ich die Zeit bis zur letzten, bewusst abgespeicherten, persönlichen Kontaktaufnahme mit meinem Portemonnaie. An der Tankstelle beim Zahlen. Genau. Aber dann? Was hat sich in den darauf folgenden Minuten wohl abgespielt? Welche mehr oder weniger plausiblen Schlupfwinkel oder Zufluchtsorte könnten in Frage kommen?

Aus der Magengrube steigt ein unangenehm flaues Gefühl auf. Auch meine Finger, die hektisch alles um mich herum durchwühlen, zittern – wie auf ein geheimes Kommando hin – bedrohlich. Die ohnehin bereits unerträgliche Panik steigert sich von Sekunde zu Sekunde, und meine innere Unruhe kocht zu einem brodelnden Vulkan auf. Was kommt einem da nicht so alles in den Sinn ...

Vor meinem geistigen Auge spielen sich die verheerendsten Horrorszenarien ab. Ein hinterlistiger Diebstahl vielleicht? Oder habe ich meinen Geldbeutel am Ende auf dem Autodach abgelegt und bin losgefahren? Ich weiß nicht, ich weiß nicht. Schließlich wohne ich nicht gerade in einem sozialen Brennpunkt – ich meine, hier klaut doch keiner, nicht wahr?! Und so dämlich, dass ich ihn gedankenverloren auf der Oberseite meines Fahrzeuges liegenlasse, werde ich wohl kaum sein!

Hoffe ich jedenfalls ...

Bleibt nur Theorie 3: Ein schwarzes Loch. Klar, das ist es! Eine uns noch nicht erschlossene, fremde Kraft – ein Sog des Ungewissen – muss sich unbemerkt meiner Brieftasche bemächtigt haben. Weg. Verloren. Für immer und ewig. Oje, da mag man doch gar nicht daran denken, was das bedeutet ... Geld ... Bankkarte ... Personalausweis ... Führerschein ... Am Rande einer Ohnmacht fällt mir auch noch das Bermudadreieck ein. Sie wissen schon, da wo die ganzen Schiffchen und Flugzeuge für alle Zeiten abgetaucht sind; ohne jeglichen Hinweis auf ihr Schicksal. Alles nie geklärt. Ich meine, Sie und ich, wir kennen doch die Ursache! Ein schwarzes Loch eben. Wie jetzt bei mir. Eine tiefschwarze, runde Falle, die unbarmherzig wie eine Spinne mit ihren im Netz verfangenen Opfern kurzen Prozess macht. Mein armer, kleiner Geldbeutel! Eine Träne läuft mir über die Wange.

Wobei – ein bisschen ärgert es mich dann auch. Trotz des Aufwandes, den ich in die Aufklärung des Falles stecke, liegen nach wie vor keinerlei sachdienliche Hinweise auf seinen Verbleib vor. Ich meine, etwas mehr Loyalität darf man doch wohl noch erwarten, oder etwa nicht? Schließlich habe ich den Verschollenen tagein, tagaus durch die Gegend getragen. Wenigstens ein Mindestmaß an Treue und Ergebenheit, und vor allen Dingen mehr Vorsicht und Verantwortungsgefühl, wären da sicher nicht zu viel verlangt. Ich verschwinde doch auch nicht einfach so. Oder plumpse, ohne ein Abschiedsschreiben zu hinterlassen, in das nächste schwarze Loch. Nein. Natürlich *werde* ich immer nur verlassen.

Vielleicht sollte ich eine Sonderkommission mit meinem Problem betrauen. Die ‚SK Geldbeutel'. Mit Hundestaffeln, Hubschraubern und Nachtsichtgeräten. Oder ich rufe einen professionellen Brieftaschen-Findungs-Ausschuss ins Leben. Auf jeden Fall muss meine Geldbörse wieder her. Und es ist mir völlig egal, ob ‚das Loch' da andere Pläne hat!

Aber wo ich auch suche, mich beschleicht doch das ungute Gefühl, immer gerade an der falschen Stelle zu kramen. Es ist wie verhext. Ich sag's ja: Wie vom Erdboden verschluckt! Nur das ‚Wie' können Sie streichen. In einer Mischung aus blanker Hysterie und ungläubigem Entsetzen bin ich nachvollziehbarerweise nicht mehr in der nötigen Stimmung, alles bis ins Detail zu durchleuchten. Wer könnte mir da schon einen Vorwurf machen, wenn ich nach stundenlanger, verzweifelter Ermittlungsarbeit – in der ich kurz davor stand, eine Vermisstenmeldung bei der Kriminalpolizei aufzugeben, einen landesweiten Flugblattaushang anzuleiern und bei der ehemaligen Zuschauerredaktion von ‚Bitte melde dich!' anzuklopfen – dann eben feststellen muss, dass sich der Flüchtige die ganze Zeit über ausgerechnet unter meinem Fahrersitz versteckt gehalten hat? So mir nichts, dir nichts. Mich hätte es durchaus nicht verwundert, wenn er von der Erdatmosphäre einfach verschluckt worden wäre! Schwarzes Loch, Sie wissen Bescheid ...?

Habe ich da unter Umständen ein leichtes Grinsen bei Ihnen bemerkt ...? Ihnen wird das Lachen schon noch vergehen! Spätestens dann, wenn bei Ihnen selbst das nächste Mal etwas unauffindbar ist. Ihre Haus- und Autoschlüssel beispielsweise. Unterwegs versteht sich. Und keiner (der daheim ist) hat einen Ersatz. Denken Sie an meine Worte!

## Patient Aufnehmkassette

*Tonbandsalat*

Sagen Sie, haben Sie sich früher auch so gerne Ihr eigenes Musikarchiv erstellt wie ich? Und hockten – vor allem während der freitäglichen Hitparade – in angespannter Haltung und mit auf der Aufnahmetaste angelegtem Zeigefinger vor Ihrem Kassettenrekorder? Ach, was waren das noch für Zeiten ...

Wenn ich da an die heutigen steril-anonymen CD-Türme denke, die sich in den Wohnzimmern der Nation zu gewaltigen Gebirgsmassiven formieren – das ist doch gar nicht vergleichbar. Gut, der eine oder andere mag mittels Zuhilfenahme legaler oder illegaler Internetdownloads vielleicht etwas anderes behaupten. Aber, ich bitte Sie, das ist nun wirklich nicht dasselbe! Schließlich wurde uns damals doch einiges mehr abverlangt:

Neben unermüdlichem Durchhaltevermögen und exorbitantem Mitschneidegeschick auch ein gewisses Maß an kreativem Chaos bei der Lied- und Textauswahl. Und natürlich, nicht zu vergessen, das richtige Händchen, sozusagen (analog zum grünen Daumen) den ‚goldenen Aufnehmfinger'. Kleine bis mittelgroße Pannen und Missgeschicke taten dabei der Begeisterung keinerlei Abbruch. Eher im Gegenteil. Das schaffte doch erst das ganz besondere Verhältnis zu den Mixturen, die wir Woche für Woche aus den Top Twenty für die Ewigkeit konserviert haben.

Wobei, das Wort ‚Ewigkeit' trifft es nicht so ganz ... Zumindest bei mir nicht. Durch mein Dauer-Vor-und-Zurückspulen verfing sich das ausgeleierte Tonband meist binnen kürzester Zeit in den eingebauten Drehknöpfen und machte die gesamte Kassette praktisch unbrauchbar.

Auch wenn ich als Erste-Hilfe-Maßnahme selbstverständlich eine sofortige Notoperation einleitete, in der ich alles in meiner Macht Stehende unternahm, um das Leben meiner Aufnehmkassette zu retten. Mit Hilfe eines Kugelschreibers oder auch einfach meines bloßen Fingers kämpfte ich verzweifelt darum, den zerknitterten Faden wieder einzuspannen. Allerdings schlugen meine mühseligen Anstrengungen meist fehl, da sich der Plastikpatient anschließend – scheinbar aus Trotz – einen Komplettbänderriss zuzog. Ein durchaus schmerzlicher Verlust, denn auf allzu viele Reservisten konnte ich nicht zurückgreifen. Oft stand ich vor der schweren Entscheidung, welcher Liedbeitrag aus Platzgründen zugunsten einer Neuaufnahme *ausgespielt* hatte.

Mir geht es heute noch so, dass ich mit einem bestimmten Song automatisch die Eigenmischung meiner inzwischen bedauerlicherweise ruinierten Kompositionen aus abgebrochen-zusammengestöpselten Musikfetzen, Verkehrsinfos von 1988 und unsinnigem Moderatorengeschwafel verbinde.

Mit dem allergrößten leidenschaftlichen Enthusiasmus habe ich mich auch als selbsterkorenes Universaltalent aus Sängerin, Sprecherin und Erzählerin in einem versucht. Monumentale Werke höchsten schöpferischen Genies sind leider längst dem Raubbau des Dauereinsatzes – wie oben beschrieben – für immer (und diesmal ewig!) zum Opfer gefallen.

Dabei hätte ich Ihnen doch zu gerne einen meiner akustischen Leckerbissen präsentiert. Sie sind jetzt bestimmt gespannt wie ein Flitzebogen, was das Tolles gewesen sein könnte, stimmt's? Lassen Sie mich ein Beispiel aufgreifen, das, ohne übertreiben zu wollen, sicher zu den ergreifendsten Neuauflagen der Musikgeschichte zählte. Einem logischerweise selbst verfassten Text, der sich der Klänge des ‚Fischer von San Juan' bediente, aber statt des schnöden Fischfängers meine sämtliche Anverwandtschaft in die Hauptrollen schlüpfen ließ.

Einfach kolossal ...

Und wenn *das* nicht schön war, was dann?!

## Murphy der Schreckliche

*Der Regenmacher*

Kennen Sie einen Herrn Murphy? Nee, nie gehört? Ob der irgendwas mit Politik zu tun hat oder so? – Keine Ahnung. Ich kenne ihn ausschließlich im Zusammenhang mit schier unglaublichen Alltagspannen. Den kleinen und großen Missgeschicken und Fehlentscheidungen, die unser Leben – und vor allem unsere Nerven – ganz schön hart auf die Probe stellen. Alles, was schief gehen kann, wird auch schief gehen. Murphys Gesetzmäßigkeit eben. Sie verstehen immer noch nur Bahnhof? Dann will ich Ihnen doch ein klein wenig auf die Sprünge helfen.

Nehmen wir einmal an, Sie haben Ihren freien Tag. Lange herbeigesehnt wollen Sie diesen auch gebührend nutzen und heute endlich einen gemütlichen Stadtbummel unternehmen. Es herrscht – wie die gesamte letzte Arbeitswoche auch – herrlichster Sonnenschein, und so machen Sie sich im knappen Shirt und luftigen Röckchen (nun ... die Damen unter Ihnen) gutgelaunt und frohen Mutes auf den Weg in Richtung Innenstadt.

Na, da gehe ich doch jede Wette ein, dass spätestens beim Betreten der verkehrsberuhigten Fußgängerzone eine bedrohlich heranrückende, tiefschwarze Gewitterwolke ihre Anwesenheit mit unüberhörbarem Grummeln vermeldet. Und schwups, da landet auch schon der erste Regentropfenvorbote auf Ihrer Nasenspitze. Die Sonne ist inzwischen gänzlich verschwunden und hat sich wohl einen schöneren Ort zum Scheinen gesucht. Stattdessen bläst nun ein eisiger Wind unbarmherzig durch die Einkaufsallee. Und durch Ihr Sommertop. Dumm nur, dass Sie ausgerechnet heute weder Regenschirm noch Strickjacke in Ihrem Handgepäck finden werden. Woher ich das weiß? Tja, Murphys Gesetz! Also bricht in wenigen

Augenblicken ein nicht enden wollender und geradezu sintflutartiger Regenstrom über Sie herein, durchweicht Ihr sommerliches Outfit und wäscht all Ihre fröhlichen Gedanken und Shoppinggelüste gnadenlos weg. Sie können sich noch glücklich schätzen, wenn Sie es nicht allzu weit nach Hause haben. Im schlechtesten Fall müssen Sie sich Ihren Heimweg nämlich noch durch mehrere Tiefkühl-Untergrundstationen ‚bahnen' und sollten froh sein, ohne handfeste Lungenentzündung von Ihrem kleinen Ausflug zurückzukehren.

Oder aber, dieser Murphy sorgt dafür, dass Sie, vorsichtig wie Sie sind, alle möglichen (und unmöglichen) Hilfsmittel und Nur-für-den-Fall-dass-Sammelsurien in Ihre aus allen Nähten platzende Tasche häufen, um anschließend bei vierzig Grad im Schatten mit Regenschirm unterm Arm und tonnenschwerer Notausrüstung bepackt durch die Geschäftspassagen zu ächzen. Mit über die Stirn rinnendem Schweiß und an der Haut festpappender Wollstrickjacke. Die Sonnenstrahlen brennen unnachgiebig auf den Asphalt. Dabei hatte es doch am Morgen noch so verdächtig nach Regenwetter ausgesehen ... Das dumme Ding taugt ja auch kaum als Sonnenschirm! Also hieven Sie all Ihre mitgebrachten Besitztümer durch die verstaubten Straßen zurück Richtung Zuhause. Das unhandliche Regenabwehrgerät dabei stets im Weg. Auf Bummeln werden Sie unter diesen Umständen wohl kaum noch große Lust verspüren. Dafür hat ‚Er' schon gesorgt.

Ebenfalls kein Vergnügen: Der Super(markt)kassenendspurt.

Etwa zehn Zahlstationen haben geöffnet, und so überlegt ein jeder vorher episch lange hin und her, welche Warteschlange mit dazugehöriger Kassiererin denn die richtige und demzufolge schnellste sei. Sorgfältig vergleicht man, wie es um die Fingerfertigkeit der Kassenfrau bestellt ist, wägt geradezu buchhalterisch ab, wie viele Artikel sich in den gegnerischen Wagen stapeln. Um dann eine mutige Entscheidung zu treffen: Kasse fünf! Dort einmal richtig in Position gebracht, stellt sich dann allerdings heraus, dass es augenscheinlich bei den Nachbarn zügiger vorwärts geht.

Schnell auf die Nebenspur ... Ha! Innerlich triumphierend und nicht ohne einen gewissen Stolz grinst man in sich hinein und plant schon mal, was mit den gewonnenen Minuten so alles angestellt werden könnte. Welch genialer Schachzug! Schlangentechnisch perfekt ausgetüftelt. Sollen die anderen doch warten, bis sie schwarz werden, die lahmen Enten.

Ein fataler Fehler ... Denn just in diesem Moment wird sich bedauerlicherweise herausstellen, dass die Voreinkäuferin (vermutlich eine Assistentin von Mr. Murphy) ihre Tomaten nicht abgewogen hat, ihre Paprikasalami nicht preislich ausgezeichnet ist, oder die Gute schlicht und ergreifend zu wenig Geld eingesteckt hat.

Blöd gelaufen, kann man da nur sagen. Und egal für welche Kasse auch immer die Entscheidung fällt, sie wird sich mit an Sicherheit grenzender Wahrscheinlichkeit als die – mit Abstand – langsamste erweisen. Ganz egal, wie viele oder eben auch wenige Kunden dort gerade anstehen und wie vermeintlich gut es bis dato voranzugehen schien. Ab dem Zeitpunkt des eigenen Einreihens ändert sich das unter Garantie schlagartig. Und wer ist schuld? Dreimal dürfen Sie raten ...

Aber mir reicht's jetzt, Bürschchen. Mit mir nicht mehr! Ab jetzt suche ich mir die längste Schlange aus, die ich finden kann, und spanne zur Sicherheit noch meinen Schirm auf. (Mein selbstausgetüftelter Allwetter-Anakonda-Schlachtenplan.) Mal schauen, ob's was hilft ...

## Echt abgefahren!

*Eine Kleinwagenfahrerin packt aus*

Nein, ich werde nicht länger schweigen. Genau heute werde ich eine vehemente Aufklärungskampagne über die böse, restliche Autofahrerherde starten. Eine Lanze brechen für all die Kleinwagenfahrerinnen und Kleinwagenfahrer. Und für die Kleinwagen selbst natürlich.

Dieser tägliche nervtötende Kampf auf den Straßen der Nation! Fühlen Sie sich im Geiste mit mir verbunden ...?

Hier gilt es noch: Das Recht des Stärkeren. Entscheidend für die Umgangsformen auf und in der Autowildbahn ist nicht etwa die Fahrfertigkeit oder das Tempo der anderen motorisierten Straßenabschnittsgefährten, sondern schlicht und ergreifend der Wagentypus selbst. Größe, Kraft und Preisschild.

Davon, und nur davon, hängt es ab, ob Sie (und ich) während der Fahrt geradezu königlich-ehrfürchtig hofiert werden oder man uns wie kleine Hofnarren müde belächelt und nach Strich und Faden schikaniert. Ein straßeninterner Rudelkampf, der nach strengsten Kriterien ausgefochten wird.

Kommen wir zur Leistungs-Beschau. Der erste Checkpunkt auf der Liste der fremden Steuerhengste wären schon mal die Fahrzeugmaße. Und hier gilt der maskuline Leitsatz: Je größer, desto besser! Sind Sie Chauffeur oder Chauffeuse einer rollenden Konservendose? Dann hätten Sie bereits jetzt ein wortgetreu kleines Problem.

Die einzige verbleibende Chance wäre unter diesen Voraussetzungen Aspekt zwei: die Markenanalyse. Sollten Sie sich nun darüber hinaus noch in einem osteuropäischen oder asiatischen Kopiervorlagenmodell befinden, dann sieht's leider ziemlich schlecht für Sie aus. Das muss ich Ihnen in dieser Deutlichkeit sagen. Schon sind Sie bei den gestrengen Richtern mit Pauken und Trompeten durchgefallen. Deren vernichtendes Urteil lautet: geklonter Zwerghamster auf Rollen.

Und das hat gewaltige Folgen. Ab diesem Zeitpunkt ist es nämlich vollkommen egal, wie schnell, professionell und gewandt Sie sich fortbewegen. In Ihrem abgekupferten Büchschen mit Rädern sind Sie von nun an Spielball aller Launen und Aggressionen der übrigen Verkehrsteilnehmer.

Man wird Sie und Ihren Klon-Gnom aufs Übelste verspotten, ja verachten. Sie werden nicht mitspielen dürfen bei den Großen ...

Im Gegenteil, sobald ein Herrscher der Fahrerwelt im Wagen der Edelkategorie ‚König der Autos' – sprich: ein herannahender Porsche-, BMW- oder Mercedesfahrer – Sie erspäht hat, wird er auch schon mit laut aufheulendem Motor zu seinem großspurigen Überholmanöver ansetzen. Dies ist ihr Reich! Sie sind die selbsternannten Machthaber unserer Autobahnen (Land- und Stadtstraßen, Feld- und Wiesenwege eingeschlossen).

Bevor Herr von und zu Mercedes Notiz von Ihnen nehmen konnte, war er zwar selbst noch nicht sonderlich schnell unterwegs gewesen, aber das ändert er jetzt natürlich grundlegend. Unter gar keinen Umständen wird sich Mr. Wichtig hinter einem solchen Autozwerglein einreihen. Nein, damit wäre sein Platzhirsch-Ego absolut überfordert. Also drückt er ordentlich auf die Tube und zieht mit geschätzten zwohundertfünfzig Sachen triumphierend vorbei. Nicht ohne uns dabei sein hämischstes Lachen zu schenken. (Was übersetzt soviel bedeutet wie: „Na, Kleine, da guckste, was?")

Ach so, falls Sie's noch nicht wussten, die Geschwindigkeitsvorschriften (sowie sämtliche andere Paragraphen auch) gelten gar nicht für alle. Nein, nein. Das ist rein statusabhängig. Deshalb braucht sich der vorbeibrausende Straßen-Sultan auch keinerlei Sorgen über die geltenden 100 km/h und sein Punktekonto in Flensburg zu machen.

Er hat es schlicht nicht nötig, sich mit solch banalem Kleinkram wie schnöden Verkehrsregeln herumzuschlagen. Immerhin strahlt ein aufgespießter Stern von seiner Motorhaube herab. Das muss Sie doch beeindrucken, in Ihrem fahrenden Wicht!

Da heißt es: Dach einziehen und Platz machen. Diese Schlitten haben Dauervorfahrt. Speziell auf der Kleinwagenjagd.

Unterlassen Sie bitte jeden Versuch, ihn am Überrunden zu hindern. Er würde es nicht verkraften. Notfalls fährt er kilometerweit an Ihrer Beifahrerseite. Auch bei aufkommendem Gegenverkehr. Das ist ihm (Stern)schnuppe. Das Dumme ist dabei eben, dass Sie irgendwann zwangsläufig den Kürzeren ziehen werden. Sie sitzen ja im wahrsten Sinne des Wortes schon drin. Im Kürzeren. Alleine um Schlimmeres zu verhindern, werden Sie irgendwann aufgeben müssen. Und die Pferdestärken sind auch gnadenlos ...

Ganz abgesehen davon, für SIE gilt sie ja schon noch, die Straßenverkehrsordnung; das dürfen Sie bei Ihrer Strategie nie vergessen. Am Ende lassen Sie sich noch, bedrängt durch sein aufdringliches Stoßstängeln, auf ein waghalsiges Duell mit dem besternten Straßenkreuzer ein.

Oder, Sie fühlen sich durch seine gezielten Einschüchterungsmethoden genötigt, doch schneller zu fahren, als

Ihr legaler Spielraum und Ihre verkehrsmoralische Einstellung es eigentlich erlauben. Lassen Sie lieber Vorsicht walten! Die Ordnungshüter und ihre fest montierten Blitz-Kollegen sind überall. Da kann man praktisch nur verlieren.

Die Herde hat Nachwuchs. Während die weiblichen Frischlinge noch erste vorsichtige Fahrversuche unternehmen, preschen die pubertären Männchen bereits nassforsch vorneweg: Die Halbstarken. Zwar sind sie selbst ihr allergrößter – und meist auch allereinzigster – Fan, aber das stört die gockelnden Jünglinge nicht im Geringsten. Ihre Von-sich-selbst-Überzeugtheit kennt keinerlei Grenzen oder gar Selbstzweifel. Und vor allem absolut keine Peinlichkeiten. Meist in Scharen unterwegs, trifft man sie selten alleine im tiefer gelegten Spoilergefährt. Und ‚in der Gruppe sind wir stark'. Das kennt man ja. Auffallen ist alles – so lautet ihre Devise. Nicht nur, was die höchst exotisch – und für den Laien höchst seltsam – anmutenden Wagenumbauten und bisweilen auch Farblackierungen betrifft. Der Gesamtauftritt macht's. Stets mit lässig auf der heruntergekurbelten Scheibe ausgefahrenen Ellbogen, und alle gemeinsam rhythmisch im Takt der bis zum Anschlag aufgedrehten Super-Surround-Anlage wippend. Das sind sie!

Auf ihrer selbstinszenierten Zur-Schau-Stellungs-Rundfahrt lechzen die vorwitzigen Prahlhänschen geradezu nach jeglicher femininer Aufmerksamkeit. Dafür sind alle Mittel recht. Unterwegs im Dauer-Nerv-Angriff und ohne ernsthaftes Fahrtziel betrachten sie sich anscheinend als Show-Act auf unseren Verkehrswegen. Mit der Hörsturzgarantierenden Kombination aus Techno-Beats und hochtourig dröhnendem Motor beschallen sie alles und jeden, bis hinein in den kleinsten Winkel, was via Schallfrequenz erreichbar ist. Mit ohrenbetäubendem Lärm und stolzgeschwellter Brust ziehen die Möchtegern-Herzensbrecher ihre grinsenden Kreise.

Und Vorsicht: Als Kleinwagenfahrerin (hier wende ich mich besonders an meine Leser*innen*) entsprechen Sie dem Beuteschema der schmierigen Auto-Boy-Group zu hundert Prozent. Durch Ihre bereifte Unterwürfigkeit passen Sie einfach perfekt ins südländische Rollenverständnis. Und so schnell wird man die dann auch ganz bestimmt nicht wieder los. Wie klebrige Schmeißfliegen heften sie sich an die Hinterreifen ihrer Opfer, und eine Endlos-Quäl-Prozedur nimmt ihren Lauf.

Hier die Masche: Erst-selbst-überholen, dann-doch-wieder-langsamer-werden, bis die derart Umgarnte gar nicht mehr anders kann, als links an den hormongesteuerten Milchbubis vorbeizufahren, und wieder von vorne ... Zwanzig Mal, dreißig Mal, ein wirklich irre komisches Spielchen. Hihi. Garniert werden die plumpen Flirtversuche mit garantiert zweideutigen Gesten, schlüpfrigen Blicken und aufdringlichem Hupen. Witzig, was?!

Da könnte man stundenlang mitmachen ...

Es ist nicht einfach. Mit meinem heißgeliebten kleinen Südkoreaner (ich meine damit mein Auto!) weiß ich, wovon ich spreche. Was ich Ihnen allerdings dringend ans Herz legen möchte, ist die strikte Beachtung und Einhaltung der folgenden Kleinwagenlenkerbestimmungen, kurz KLB. Denn die Skala der zu vergebenden Straßenrangpositionen ist nach unten hin noch offen. Schlimmer geht's immer!

**KLB** *[in Auszügen]*

Regel Nr.1: Augen auf beim Autokauf

*Sollten Sie sich also glücklicherweise noch vor der Anschaffung eines Automobilchens befinden, dann achten sie auf die richtige Form- und Farbwahl.*

1a) Ein böser Schnitzer bei der Auswahl der Rahmenkonturen wäre ein Wägelchen im possierlichen Autokindchenschema.

*So ein kugelrundes, putziges Gefährt mit riesengroßen Augen, äh ... Scheinwerfern. Auf diese Weise verraten Sie Ihre Unterlegenheit schon von weitem.*

*Noch schlimmer, und ein absoluter Fauxpas, wäre eine pinkfarbene oder türkisgetönte Außenlackierung ...*

1b) Alle Bonbon- und Lilaschattierungen sind absolut tabu!

*Damit stechen Sie dem Feind bei allen Witterungsbedingungen und praktisch zu jeder Tages- und Nachtzeit leichtfertig in die Windschutzscheibe.*

*[Die geschlechterspezifischen und altersbezogenen Empfehlungen, die Punkte 2 und 3, habe ich aus der KLB bewusst gestrichen. Was sollten Sie daran jetzt noch korrigieren ...]*

*Wenn alle äußeren Merkmale an Ihrem fahrbaren Untersatz sozusagen genetisch festgelegt sind, dann wird es schwer. Für diesen Fall gibt es eigentlich nur noch genau eine Kleinigkeit. Der allerletzte Rat:*

*Punkt Nummer 4 in der KLB:*

4. Evakuieren Sie umgehend Ihren eventuell vorhandenen Stofftierzoo aus dem gesamten Wageninnenraum. Insbesondere die Rückablagefläche ist von allen mitreisenden Plüschtierchen restlos zu befreien.

*Es droht die völlige soziale Isolation. Ansonsten wären Sie endgültig an den ausgefahrenen Pranger gestellt und würden anschließend den ‚Löwen' zum Fraß vorgeworfen!*

Mehr kann ich bedauerlicherweise nicht für Sie tun. Andererseits ...

Lassen wir den PS-protzenden Asphaltcowboys und Schmalspurcasanovas doch ihren Spaß! Wenn sie es doch so nötig haben ...

## Ketchupschweinchen kapert Rosinenbomber

*Suchtverhalten bei Kindern – und Schweinchen ...*

Gehören Sie auch zu den Menschen, die sich das Beste gerne für den Schluss aufheben? Also erst mal die Pflichtübung erledigen, bevor Sie mit allen Sinnen der belohnenden Kür frönen?

Stichwort: Nahrungsaufnahme bei Kindern, im Speziellen bei Kristina-mit-Ks. Abgesehen von meinem für Außenstehende vielleicht *etwas* abenteuerlich anmutenden Verspeisungs- und Tellerverteilungszeremoniell, waren auch meine Essgewohnheiten im Allgemeinen, na sagen wir, gewöhnungsbedürftig.

Hauptnahrungskomponente war in jedem Fall immer diese dickflüssige, süßliche Tomatensauce, besser bekannt unter ihrem Künstlernamen Ketchup. Und das zu nahezu allen denkbaren und undenkbaren Speisen. Die Kombinationen an sich würden bei ungeübten Ketchupessern schon beim Erzählen ein leichtes Bauchgrimmen verursachen. Aber die Tatsache, dass die klebrige Pampe den Löwenanteil der Tellerfläche innehatte, ist wohl nur für echte Tomatenketchupfreaks nachvollziehbar und (magentechnisch v)erträglich.

Auf meinem üblichen Menüplan standen Ketchup mit Käse (ohne Brot natürlich), Ketchup mit zermatschter Kartoffel und einem daran angewärmten Salatblatt. Ketchup mit ... nun ja, besonders experimentierfreudig war ich gerade nicht. So weiß man wenigstens, was man hat!

Sehe mich noch am Küchentisch meiner Oma sitzen ... Vor mir ein Teller meines heißgeliebten Leib- und Magengerichts: Ketchup mit Fischstäbchen. In einer geradezu chirurgisch anmutenden Operation zerlegte ich den eingehüllten Nebendarsteller in seine physikalischen Grundbestandteile. Bedauerlicherweise besteht so ein gemeines Fischstäbchen für gewöhnlich etwa zur Hälfte aus Panierung. Das ist wirklich schade. Hätte doch immer so gerne mehr von dem feschen, reschen Semmelbröselmantel gehabt. Kann man nichts machen! Folglich musste ich damals das Leistungssoll, sprich den entkleideten Seelachs, erst mal hinunterspülen.

Und dreimal dürfen Sie raten, womit ... In freudiger Erwartung meiner aufgesparten Gaumenfreuden: der wartenden, gold-gelben ‚Knusper-Rosinchen'.

Was meine Ketchupabhängigkeit anbelangt, bin ich heute geheilt. Meine Eltern, zwischenzeitlich schon in Angst, dass sich ihre Tochter so langsam rosa einfärben könnte, griffen in ihrer Verzweiflung in die psychologische Trickkiste. Ein Kinderbuch sollte es richten! Es trug den klangvollen Titel ‚Die Ketchupschweinchen'. Für den Fall, dass Sie selbst nicht im Besitz dieses einmaligen Meisterwerkes sind: Es wird darin detailliert beschrieben (und bebildert!), was die Langzeitfolgen von unkontrolliertem Tomatensaucengenuss sein können. Und das am Beispiel der ketchupsüchtigen Ferkelkinder einer Schweinegroßfamilie.

Auch meine übrigen Essmarotten sind kaum noch der Rede wert. Da fällt mir ein, ich muss mal eben in die Küche. Bis die kleinen Apfelschnitze und die Käsewürfelchen geschnipselt und korrekt eingeschichtet sind, braucht es doch eine Weile.

Und Sie wissen ja – ohne Brot natürlich ...

TOMATEN
KETCHUP
TOMATEN
KETCHUP

# BAHNGESCHICHTEN – EIN ZWEITEILER

## Bahnbrechende Erfahrungen (1)

*Ein Genuss in vollen Zügen*

Vorab schon mal so viel: ICH HASSE ÖFFENTLICHE VERKEHRSMITTEL! Und noch mehr hasse ich es, auf öffentliche Verkehrsmittel angewiesen zu sein. Jetzt werden Sie sich natürlich fragen: „Wie kommt sie nur zu solch einer radikalen Haltung?" Nun gut, ich werde versuchen, es Ihnen zu erklären.

Es geht bereits damit los, dass ich mich nur äuuuußerst ungern dem Fahrplan unterwerfe, der mir eine Beförderung zu meinem auserkorenen Ziel verheißt. Was dann ja auch noch lange nicht heißen muss, dass es zu dieser Zeit auch tatsächlich losgeht. Oder, dass es überhaupt irgendwann losgeht ... Ob generell *jemals* eine einigermaßen hinnehmbare Verbindung in die grob angestrebte Richtung auszumachen ist. So ganz spontan mal eben losfahren ist da nicht drin.

Ein kleines Beispiel: Ich muss mich ‚unter Zugzwang' ins lediglich wenige Kilometer entfernte München begeben. Genauer gesagt, zur Praxis des Arztes meines Vertrauens in einem zentral gelegenen Stadtteil. Zumindest meinem Autolein möchte ich den Großstadttrubel ersparen. Die mühevoll herausgesuchte Reiseroute, mit mehrfach bedrohlich knappem Umsteigen, wird mich zwar nicht direkt hinführen, aber nach einem kleinen Fußmarsch (oder nennen wir es besser einer Wanderung) von grob geschätzten vierzig Minuten dürfte ich dann auch dort eintreffen.

Erst mal, verraten Sie mir bitte, wo man in Bahnhofsnähe einen bezahlbaren und mehrstündig verfügbaren freien

Parkplatz ansteuern kann. Schon da scheint mein durchaus sehr großzügig kalkulierter Zeitplan leicht aus den Fugen zu geraten.

Das nächste Hindernis baut sich vor mir in Form eines hochmodernen Ticketautomaten mit Touchscreen-Oberfläche auf. Es wäre ratsam gewesen, für dessen fehlerfreie Bedienung ein Grundstudium in den Fächern EDV, Tarifwesen, Geografie und Streckenkunde, Typenbezeichnungen und Bahnsprache absolviert zu haben. Leider ist es mir aber in der Kürze der Zeit nicht mehr gelungen, meine eklatanten Wissenslücken auf irgendeiner Lehranstalt zu schließen. Also werde ich mich wohl oder übel auf meinen ‚gesunden Menschenverstand' verlassen müssen.

Ein großer Fehler. Denn alleine an der Zoneneinteilung scheitere ich kläglich. Auf Verdacht entscheide ich mich schließlich für ein horrend teures ‚Single-Tages-Ticket-Gesamtnetz'. Welches die Maschine nach mehreren, von gefühlvoll-zärtlich bis aggressiv-hämmernden Antipp-Anläufen auch gnädig ausspuckt. Na toll. Vermutlich übers Ohr gehauen, schiebe ich die Pappkarte in die Entwertungsbox. Ja, ich kenn' mich aus! Da sind Sie beeindruckt, was?! Allerdings, bei näherer Inaugenscheinnahme der verschmierten, schief aufgedruckten Hieroglyphen kommen mir dann doch leise Zweifel. Womöglich gilt das so gar nicht ... Oder der Geheimcode ist verkehrt ... Vielleicht ist der blöde Kasten ja auch kaputt ... Auweia! Im Kopf feile ich bereits an meiner Verteidigungsstrategie. Nur für den Fall, dass ich nicht ordnungsgemäß abgestempelt habe und in eine Kontrolle gerate.

Anschließend begebe ich mich auf die ‚nähere Gleisfahndung'. Gott sei Dank gibt's nur drei davon. Hier auf Gleis Numero zwei soll's also sein. Merkwürdigerweise ist die dort installierte Anzeigentafel leer. Ich muss gestehen, das irritiert mich.

Sie haben gut lachen! Am Nürnberger Hauptbahnhof musste ich einmal, aufgescheucht durch den lautstark ertönenden Hinweis der Deutschen Bundesbahn, in wahrhaft allerletzter Minute und eskortiert von einer hysterisch kreischenden Meute zum kurzfristig verlegten Bahnsteig flitzen. Ich kann Ihnen sagen, das war vielleicht eine Aufregung! Aber das würde jetzt auch zu weit führen ...

Jedenfalls stehe ich in diesem Moment doch etwas verunsichert und verloren zwischen all meinen Mitwartern. Die wenigen, martialisch anmutenden Gitterstühle und Holzbänkchen quellen bereits über. Muss mich sowieso konzentrieren – das kann ich im Stehen besser. Angespannt starre ich auf die surrenden Klimperkästen. Meine S-Bahn wird darauf noch immer nicht vermeldet. Eigentlich sollte es doch in Kürze losgehen. Ob das was wird ...

Die ohnehin aus allen Nähten platzende Wartezone an den Schienen füllt sich zusehends mit in letzter Minute eingaloppierenden Fahrgästen. Eine beginnende Unruhe keimt unter den Passagieren auf. Da, die blechern erschallende Erklärung: „Die Abfahrt für die S6, Gleis zwo, in Fahrtrichtung München, wird sich um voraussichtlich *fünf* Minuten verzögern." Aha, na das geht ja noch. Habe selbstverständlich alle Eventualitäten mit einberechnet. Kein Thema.

Nach weiteren fünfzehn Minuten gerät mein Optimismus dann doch ins Wanken. Ich schlucke. Die fluchende, überreizte Menge trägt ihr Übriges dazu bei, dass ich inzwischen ein ausgesprochen ungutes Gefühl in der Magengegend verspüre. Zumal die Fahrtankündigung vom Ansagedienst in bewährter Salami-Manier nach hinten verschoben wird. Erst fünf, dann zehn, dann fünfzehn, schließlich zwanzig Minuten. Oder darf's vielleicht ein bisschen mehr sein? Eine halbe Stunde. Herrgott, kommt das verdammte Teil denn überhaupt noch? Ich meine, *bevor* die nächsten Eiszeiten ihren erdgeschichtlichen Einzug vollzogen haben. Kalt wird's nämlich auch schon! Und keine Spur vom heiß herbeigesehnten Schienengefährt.

Mein anvisierter Termin bei Onkel Doktor in der Innenstadt rückt in immer weitere Ferne. Sollte ich dort wirklich in diesem Leben noch ankommen? Entmutigt sinke ich auf einen der soeben freigewordenen Eisensitze. Just in diesem Augenblick geschieht das nicht mehr zu erwartende Wunder! Mit ohrenbetäubend lautem Pfeifen braust das orangefarbene Anhängergeschoss in den Bahnhof. Mit geschlagenen 45 Minuten Verspätung. Prima. Allgemeine Aufbruchstimmung macht sich breit, und meine Reisegefolgschaft stürmt – ohne Rücksicht auf Verluste – an mir vorbei in Richtung Schiebetüren. Betont gelassen durchschreite ich die ausgeklappten Pforten. Dabei werde ich dann allerdings von den weniger gelassen herantrampelnden Hintermännern und -frauen erfasst und unwirsch im Passagiersog mitgeschleift. Ohne mein persönliches Zutun komme ich etwa fünfzig Meter weiter im seitlichen Türbereich eines Waggons unsanft zum Stillstand.

Eingequetscht zwischen einem bierbauchigen Graubartträger, mehreren vollbepackten Schulkindern und einem schmierig grinsenden türkischen Jüngling bin ich zur vollkommenen Bewegungsunfähigkeit gezwungen. Jedem Dosenhering wäre es hier zu eng! Von meiner illusteren Fahrtgesellschaft in die Zange genommen, ist mir nun, im Gegensatz zu eben noch, außerordentlich warm. Auch Sauerstoffgehalt und Luftqualität schwinden zusehends. Immerhin starten wir jetzt mit einem gewaltigen Ruck und nehmen zügig Fahrt auf. Umfallen kann ich rein aus Platzgründen zwar nicht, aber die in Kurven gefährlich ausschwenkenden Körpermassen stellen doch eine gewisse Gefahr dar. Derart in der bildlichen Klemme heißt es, Zähne zusammenbeißen. Zimperlich sein darf man als professioneller Pendler nämlich keineswegs.

Die aktuelle Uhrzeit kann ich gerade nicht in Erfahrung bringen, da mein linker Unterarm unauskömmlich zwischen einem aufgeschnallten Schulranzen und dem Wanst des bärtigen Alten gefangen ist. Der kleine Schwarzhaarige wirft mir zweideutige Blicke zu. Unter ‚sich anbahnen' habe ich mir bislang was anderes vorgestellt!

Kollektives Schwitzen ist angesagt ... Egal. Mir ist jetzt eigentlich *alles* egal. Hauptsache, ich komme hier irgendwie, irgendwann und irgendwo noch mal lebend und mit all meinen Gliedmaßen heraus und kann mich von meiner unfreiwillig auferlegten Bahnstarre befreien.

Bei der ersten planmäßig vorgesehenen Umsteigestation gelingt es mir bedauerlicherweise nicht, meiner Zwangslage zu entkommen, sodass das Bähnchen eben weiter mit mir an Bord in die nun verkehrte Richtung tuckert. Na, bravo! Fünf Haltestellen weiter und mit buchstäblich letzter Kraft verschaffe ich mir endlich Freiheit und torkele mit eingeschlafenen Füßen und deutlich geröteten Kampfdruckspuren an beiden Armen von dannen.

Und wie es der Zufall so will, fährt gerade am gegenüberliegenden Bahngleis die S6 Richtung Startbahnhof vor. Spontan entscheide ich mich dazu, meine Reisepläne zu ändern, den längst verpassten Termin Termin sein zu lassen und zurückzufahren.

Das war mein Nachmittag in der Schnellbahn. Der Name kann doch eigentlich nur ironisch gemeint sein!

## BAHNGESCHICHTEN – EIN ZWEITEILER

### Bahnbrechende Erfahrungen (2)

*Kein feiner Zug*

Nun wissen Sie ja bereits, dass Bahn fahren nicht gerade zu meinen Lieblingsbeschäftigungen zählt. Vornehm ausgedrückt. Es ist mir deswegen schlicht und ergreifend ein Rätsel, wie man allen Ernstes auf die Idee kommen kann, freiwillig (!) auch noch komplette Urlaubsreisen in den Zug zu verlegen. Wie mit dieser seltsamen Transsibirischen Eisenbahn. Oder dem Orient-Express. Ach, du Schreck! Na, da wäre ich vielleicht bedient ... Das kann man meiner Meinung nach eigentlich nur machen, wenn man eine ausgeprägte masochistische Neigung hat. Was sagen Sie?

Mir reicht's jedenfalls schon, wenn ich alle heilige Zeit mit ‚den Öffentlichen' in Richtung Innenstadt unterwegs bin. Nach mühseliger Planungsarbeit wird flatterig zum Bahnhof gehetzt, um sich, dort eingetroffen, für eine halbe Ewigkeit mit den Tücken des Fahrscheinautomaten abzukämpfen. Ich meine, falls sich nach intensiver Suche überhaupt ein Gerät betriebsbereit erklärt. Und dann das: Völlig aus der Puste und mit trommelndem Herzen an den Gleisen angekommen, sieht man leider nur noch die roten Rücklichter davondampfen. Da gilt, Geduld haben und warten. Bis der nächste Zug kommt. Wenn einer kommt ...

Mindestens ebenso problematisch ist es aber, ohne vorherige Konsultierung des Fahrplans aufzubrechen. Das bedeutet Dauerstress – zumindest für mich. Schließlich wäre es möglich, dass genau in jenem Moment, wo ich noch (nach außen hin) selenruhig durch den *zugigen* Untergrund schlurfe, die U-Bahn einfährt. Oder, während ich die letzten Stufen nach oben erklimme, meine Tram davonbraust. Und mit etwas mehr Beeilung meinerseits die eigene Mitfahrt noch im durchaus realistischen Bereich gewesen wäre. Ja, gewesen! Man kann quasi nur zu spät kommen.

Darüber hinaus plagt mich eine wahre Kontrolleur-Phobie. Nicht, dass ich es auch nur in meinen kühnsten Träumen wagen würde, ohne gültiges Ticket in eines der Zugabteile zu klettern. Ausgeschlossen! Wo denken Sie hin? Aber auch *mit* einem vorher vorbildlich gelösten Fahrschein spüre ich doch jedes Mal ein deutlich beklemmendes Gefühl, wenn eine ‚verdächtige Person' in den von mir besetzten Wagen steigt. Zu erkennen an dunkler Lederjacke und sonorer Stimme. „Die Fahrscheine bitte ...!", höre ich es innerlich bereits durch die Abteile dröhnen.

Was passiert, wenn ich doch die falsche Wahl getroffen habe? Oder im verkehrten Zug sitze? Oder eine ‚unerlaubte Rundfahrt' unternehme? Ich weiß nämlich nicht, was genau damit gemeint ist, unerlaubt durch die Schienennetze zu kreiseln. Womöglich fällt meine zusammengestellte Verbindung ja auch darunter? Habe ich am Ende die Fahrkarte nicht ordnungsgemäß abgestempelt? Vielleicht war die Kiste auch falsch justiert, und ich fahre mit einem Datumsaufdruck vom letzten Jahrtausend durch die Gegend ... Ojemine! Dann wäre ich natürlich in gewaltiger Beweisnot. Diesen Buchstaben-Zahlen-Salat konnte ich ohnehin noch nie entschlüsseln. Am Ende habe ich den Beleg gar unterwegs verloren!

Hastig durchwühle ich meine Handtasche nach dem relevanten Objekt der Begierde. Nirgends zu sehen. Hab ich's nicht geahnt?! Nun in vollständiger Panik, durchforste ich jeden Winkel des vollbeladenen Beutels. Was man aber auch immer so alles mit sich herumschleppen muss ... Ich stoße dabei auf vier – allesamt funktionsuntüchtige – Kugelschreiber, uralte Gratis-Kosmetik-Proben, eine Hand voll Eukalyptusbonbons, einen Berg Handzettel und Parkquittungen. Wenigstens kann ich bei der Gelegenheit gleich richtig ausmisten und quetsche bei meiner rigorosen Entrümpelungsaktion den überflüssigen Ballast neben die – wohl obligatorisch – herausbaumelnde Bananenschale in das silberne Metallgehäuse des Zug-internen Papierkorbes. Darüber hinaus finden sich diverse angebrochene Tempopäckchen für den Fall der Fälle. Es könnte schließlich eine akute Schnupfenepidemie einsetzen. Damit wäre erst mal die größte Not gelindert. Auch für die restliche Zugbevölkerung.

Nur eben von dem kleinen Zettelchen fehlt bedauerlicherweise weiterhin jede Spur. Was mach' ich bloß, wenn jetzt tatsächlich ein gestrenges Kontrollteam auftaucht? Den halbherzigen Versuch, mit treuen Augen und inbrünstig bebender Stimme Schwüre abzuleisten, dass ich ganz ehrlich und wahrhaftig bezahlt habe, kann ich mir wohl sparen. Aus Mangel an stichhaltigen Beweisen scheidet diese Variante aus. Höchstwahrscheinlich würde man mich lediglich der fadenscheinigen Ausreden-Erfinderei bezichtigen. Aber was könnte mich jetzt noch retten? Verzweifelt sinniere ich über eine einigermaßen akzeptable Erklärung für meine entschwundene Reiseberechtigung.

Irgendein Alibi oder ein fundiertes, flammendes Plädoyer, das die ‚Männer in Schwarz' zu besänftigen vermag. Vielleicht sollte ich vorgeben, ausgeraubt worden zu sein? Oder nein, das ist doch nicht so gut. Würden die mir dann noch als Falschaussage, in Tateinheit mit Vortäuschen eines Strafdeliktes, auslegen. Das wäre schlecht. Sehr schlecht, wenn ich es mir recht überlege. Am Ende sitze ich dann wegen geleisteten Meineids im Kittchen. Uiuiui. Eine Karriere als Gefängnisschwester habe ich mir eigentlich nicht zum Ziel gesetzt. Schließlich will ich nicht komplett auf die *schiefe Bahn* geraten ...

Und das alles nur, weil der blöde Schnipsel weg ist. Was bildet der sich eigentlich ein? In welche Lage bringt er mich mit seiner unverfrorenen Abwesenheit, dieser Schlingel! Mal ganz in Ruhe nachgedacht. Ich habe den Fahrschein doch extra dort untergebracht, wo er absolut sicher und geborgen zu sein schien. Im Geldbeutel vielleicht? Nein, nichts zu sehen. Fatalerweise habe ich mich auf der Suche nach einem geeigneten Stauraum mehrfach umentschieden. Das wird mir jetzt zum Verhängnis, denn meine Tasche weist plötzlich reißverschlussumzäunte Geheimfächer und Schlupflöcher auf, von denen ich bis dato definitiv keinerlei Kenntnis hatte. Sollte ich es unter Umständen in einem Zustand psychischer Absenz in eine dieser mysteriösen Tarnbehausungen gestopft haben? Oder war's vielleicht doch das Portemonnaie? Mit zitternden Händen und allerletzter Hoffnung reiße ich meine Brieftasche ein weiteres Mal auf. Und Sie werden es nicht glauben. Da versteckt sich dieser Bazi doch glatt hinter meiner Notfall-Telefonkarte! Gut, jetzt erinnere ich mich ... Ich dachte, dann kann er auf keinen Fall herausfallen und hat ein bisschen Halt. Na, dann kann der Herr Inspekteur ja kommen!

Natürlich kommt er nicht. Das war ja vorprogrammiert. Aber wehe, die Jagd wäre ergebnislos geblieben ...

Mein Gott, das kostet einen vielleicht Nerven. Könnte schwören, dass ich nach meinen unvermeidbaren Streif*zügen* durch die angegleis(ter)ten Unter- und Oberwelten schon das eine oder andere graue Haar mehr entdeckt habe. Kein Wunder! So was geht nicht spurlos an einem vorbei. Können Sie mir glauben. Und die Spätfolgen sind dabei noch gar nicht abzusehen. Oder kennen Sie Studien über psychische und physische Langzeitschäden? Nun, was glauben Sie, woran das wohl liegt? Schließlich möchte man seine Kundschaft nicht beunruhigen ... Da dürfen Sie wirklich nicht von mir erwarten, dass ich euphorisch jubilierend in jedes dahergefahrene Züglein springe und voller Entzückung den *öffentlichen Ver-Lok-ungen* folge!

Denn derart ‚mitgenommen zu werden' hat in diesem Fall eine nicht zu leugnende Doppeldeutigkeit. Genauso fühlt man sich am Ende seiner Reise dann nämlich auch:

Ganz schön mitgenommen.

## Himmlische Erlebnisse ...

*... mit teuflischen Zeitgenossen*

Liebe Leser, wie ich einigen von Ihnen bereits verraten habe, gab es einige Jahre in meinem Leben, in denen ich zugegebenermaßen ganz schön abgehoben war. Ich meine natürlich *bin*. Bevor ich dann sozusagen aus allen Wolken fiel ...

Ach, so eine ist die also! Hielt sich wohl für was Besseres und ist dann mit ihrem Hochmut baden gegangen, was? – Aber, aber. Das trauen Sie mir wirklich zu?

Nein. Ich war nur ganz wolkenständig als Stewardess unterwegs. Bin quer-Himmel-ein durch die gesamte Weltgeschichte gedüst, bis ich endgültig und unwiderruflich auf den Terminalboden der Tatsachen zurückgeholt wurde.

Aber was ich bei meinen himmlischen Exkursionen so alles erlebt habe ... ich sage Ihnen, da könnte ich Bücher drüber schreiben. Fürs Erste fange ich heute mit einer kleinen Geschichte an. Wir wollen ja nicht gleich übertreiben.

Um schon mal eines vorauszuschicken: Falls Sie bisher geglaubt haben, man sei entspannt und frohen Mutes, wenn man gen Urlaub fliegt oder *gut erholt* den Heimflug antritt, dann irren Sie sich gewaltig. Der Urlaubsreisende an sich – und gerade dieser – hat einen Stress, das können wir Normalsterblichen uns doch gar nicht vorstellen. Wen ich jetzt wiederum mit ‚wir Normalsterblichen' meine, fragen Sie sich verwirrt? Jedenfalls keine Flugpassagiere. Zumindest ist ihr Betragen alles andere als *normal*. Gut, der Kunde ist bekanntlich König. Aber, sagen Sie mir, darf sich so ein König denn alles erlauben? Und als Hofnarr auftreten? – Laut Protokoll eigentlich nicht ...

Wie dem auch sei. Der Unterschied zwischen einem Gast und einem Fluggast besteht darin, dass sich Letzterer selbst einlädt. Ausreden oder Absagen lässt er keine gelten, und *nicht aufmachen* geht schlecht.

Wir drehen die Uhren zurück:

Da meint Manfred Müller schon mal, der Super-Spartarif-Sitz gehöre zur First Class. Divenhaft thront er in seiner ballonseidenen, pink-türkis gemusterten Trainingshose neben der grell geschminkten, weiß blondierten Begleiterin. Ordert weltmännisch-barsch einen „Tomatensaft!" „Mit Tabasco!", befiehlt er mir. – Nicht im Sortiment. Bedauerlicherweise habe ich nur kleine Salz-Pfeffer-Tütchen zu bieten. Empörend! „Dann fliegen wir eben das nächste Mal mit der Konkurrenz!"

Leider nur leere Versprechungen, wie ich aus meinem reichhaltigen Erfahrungsschatz weiß. Aus dem Hinterhalt quengelt ein ungeduldiges Rentnerehepaar lautstark nach „Kaffee!!" Da ich nicht binnen Sekundenbruchteilen darauf reagiere und die georderte Ware an die vermutlich kurz vor dem Verdursten Stehenden ausliefere, zupfen sie zur Bekräftigung wie wild an meinem Uniformblusenärmel.

Gerade einfacher geht das Einschenken der Vorbestellung dabei nicht. Ich setze das halbbefüllte Plastikglas vorsichtshalber ab und gieße nach. „Kann ich mal vorbei?!" Ohne auf eine Antwort zu warten, zwängt sich ein entnervter, vollschlanker Passagier durch die viel zu enge Lücke. Mein Trolley neigt sich gefährlich zur Seite und wird nur dank der gegenüberliegenden Sitzreihe letztendlich auf den Beinen gehalten. Was man von dem abgestellten Tomatensaftbecher nicht behaupten kann. Die tiefrote Brühe schwappt in alle Richtungen und rinnt über das Tablett in jeden Winkel des Getränkewagens. Ohrenbetäubendes Kreischen. Nach kurzer innerer Resignation stelle ich fest, dass das weiße Seidenkostüm einer Dame plötzlich an Scharlach erkrankt sein muss. Einige benachbarte Kleidungsstücke zeigen sich spontan solidarisch.

Meine Kollegin wirft mir aus der Galley ein angefeuchtetes Stofftuch zu. Knapp am Ziel vorbei, landet es auf der Halbglatze eines Geschäftsmannes zu meiner Linken. Die Kabine brodelt. „Noch fünf Minuten bis zur Landung", informiert mich der Kapitän über Lautsprecher. Unter Entschuldigungen und Beschwichtigungsversuchen beseitige ich in Windeseile die gröbsten Spuren des Scheinmassakers, händige Reinigungsformulare an die Opfer aus und überprüfe auf meinem Rückzug die Sitzgurte. Dann verstaue ich geschwind meine Service-Utensilien – noch eine kurze Bordansage – und wir setzen unsanft auf dem Frankfurter Flughafen auf.

Alles strömt in Richtung Ausgang. Grußlos und ohne mir weitere Beachtung zu schenken, marschiert die Meute an mir vorbei in die Freiheit. Eine Mutter drückt mir stumm ihre benutzte Spucktüte in die Hand.

„Ist das eigentlich ein Traumjob?", wollen Sie wissen. – Na klar!

Albträume sind schließlich auch Träume, oder ...?

## Expedition Flugplatz

*Erhöhte Ansteckungsgefahr*

Habe ich schon erwähnt, dass ich auf einem Flughafen beschäftigt bin? Oder, wie mein Vater stets zu sagen pflegt, auf einem ‚Flugplatz' ... Nun, dieser ‚Flugplatz' ist zwar ein ausgewachsener Großflughafen und – ganz am Rande bemerkt – ein nicht unbedeutendes internationales Drehkreuz, aber bitte.

An dieser Stelle muss ich Ihnen unbedingt schnell eine kleine Anekdote erzählen. Bevor ich nämlich auf dem harten Flughafenboden gelandet bin, war ich für mehrere Jahre in die Höhe der Lüfte abgehoben. Man könnte sagen, *entschwebt*. Voller Stolz rief mein Opa stets bei jeder sich ihm bietenden Gelegenheit aus, dass seine Enkelin ja bei der Luftwaffe fliege ...

Hä? Wie jetzt, die soll Kampfpilotin gewesen sein, oder was? Ich sehe förmlich die ungläubige Skepsis in Ihrem Blick. Aber ich darf Sie beruhigen, natürlich nicht. Ich befand mich in der weiblich-standesgemäßen Position der Flugbegleiterin. Nicht bei der Luft*waffe* (da werden auch selten welche gesucht), sondern bei der Luft*hansa.*

Bei der Vorstellung, wie vielen Be- und vor allem *Un*bekannten er von meiner hoch angelegten Karriere erzählte, muss ich doch jedes Mal ein wenig schmunzeln. Und so kommen Gerüchte auf, sage ich immer ...

Deshalb beschäftigen wir uns heute mit der Sprachbildung – oder vielmehr – Sprach*rück*bildung, der ich in, über und um Flughäfen herum im Laufe der Zeit ausgesetzt war. Obacht, für flugunfähige Linguistiker und Knigge-Auswendigkenner könnte dies ein umgekehrter Kulturschock werden.

Gewiss gewöhnungsbedürftig für einen Laien: das von Otto-Normal-Flieger verwendete Fluggastlatein. Erste sprachwissenschaftliche Belege finden Sie bereits weiter oben im Text. Weitere Kostproben gefällig? Kein Problem!

Begeben wir uns zu den Check-In Schaltern:

Standardsatz der Passagiere dort: „Wir müssen einbuchen."

Hmm, wieso heißt das Ding wohl Check-In? Vielleicht weil man dort eventuell einchecken kann? Ich meine, ist nur so 'ne Idee von mir ... Und *gebucht* hat man bei Reiseantritt eigentlich meist schon.

Nicht ohne ein leises Kichern erinnere ich mich auch an einen Kunden, der sozusagen den ‚Kranich' abgeschossen hat, mit: „Können Sie mir mal die More-und-Miles-Kilometer einscannen?"

Nur für den Fall, dass Sie an einer Flugzeugallergie leiden und die moderne Luftfahrt rigoros meiden, es handelt sich hierbei eigentlich um das ‚Miles and More'-Vielfliegerprogramm. Und, wie der Name schon sagt, erfolgt die Gutschrift in Bonus*meilen.*

Weiter zum Flugsteig (auch unter dem Namen ‚Ausgang' oder ‚Gate' bekannt):

„Wann is'n Check-In?"

Zu dumm ... hier wäre jetzt wiederum ‚Boarding' richtig. Oder sagen wir doch einfach ‚Einsteigen'.

Aber nein, da verwendet der ausfliegende ‚Sprachterrourist' *[siehe: ‚Vom katholischen R und anderen Kriminellen']* doch lieber irgendeinen ominös klingenden Begriff, über dessen Bedeutung er sich nicht wirklich im Klaren zu sein scheint.

Ein weiteres Phänomen ist die Tatsache, dass die nicht-dort-arbeitende Menschheit mit Betreten der *heiligen Hallen* ihr komplettes Sprachzentrum auf Notbetrieb zurückfährt. Um Energie zu sparen, vermute ich. Dies gilt sowohl für Aktiv- als auch für Passivreisende. (Also auch für Bringer und Abholer.)

Es könnte gut sein, dass ein rätselhaftes Nervengas vorübergehend das gesamte Sprachzentrum sowie alle Gedankengänge lähmt und dadurch eine akute Redeblockade eintritt. Bei täglichem Daueraufenthalt auf dem Flughafen stellt sich dem Anschein nach in Einzelfällen eine Resistenz ein.

Was noch gesagt wird, geschieht ausnahmslos in einer Art Kurzverständigung. Gewissermaßen der Stenografie der Redekunst. Nicht unwesentlich vergleichbar mit dem Inhalt von Comic-Sprechblasen. Jedes überflüssige Wort wird eisern und konsequent vermieden.

Ferner unterscheidet sich die Kommunikationslautstärke an diesen Orten ganz erheblich von der des anderswo geltenden ‚guten Tones' – wohl um den fehlenden Inhalt zu kompensieren – auch wenn gerade keine 747 mit angeworfenen Triebwerken durch die Räumlichkeiten rollt. Was selten der Fall ist.

Übrigens, ein vorwurfsvoll herausposauntes „DORTMUND!!!!????" heißt übersetzt so viel wie: „Könnten Sie mir bitte sagen, wo ich den Ausgang für den Flug nach Dortmund finde?" Das Gleiche gilt für ein anklagend über die Schalter hinwegdröhnendes „Toiletten??!!" oder, auch schlichter, „Klo??!!" Während an Bord ein forderndes „O-Saft!!" (oder die Fluggastdroge Nummer eins, „Tomatensaft!!") genügen muss, um der eifrig ausschenkenden

Stewardess durchzugeben: „Ich hätte gerne einen Orangensaft. Vielen Dank!"

Stets mit gehetzt-hysterischem Unterton und mindestens fünfzig Dezibel zu laut, wird man bei der *flüggen* Gesellschaft das Gefühl nicht los, als würde beim Verreisen ein in uns schlummerndes Urzeit-Gen geweckt, das den unerbittlichen Kampf ums Überleben einläutet. ‚Hauptsache ich', so die erste Passagiermaxime. Barbarische Szenen spielen sich ab. Ja, wahre Ehedramen wurden hier bereits ausgelöst.

Am Rande des Wahnsinns irren überforderte Familien verzweifelt und komplett orientierungslos durch die Gänge des Schilderwaldes. Da wird auf Teufel komm raus geschoben und gedrängelt. Schwer bepackte Ellbogen rammen brutal zur Seite. Es folgen tollkühne Kofferwagenspurts über die Airporthallenpisten. Dazu wird hemmungslos geflucht und geschimpft, was das Zeug hält. Na, glauben Sie denn, die Leute flögen zu ihrem Vergnügen in die Ferien? Pah! Attacke, Urlaub! Rette sich, wer kann ...

Darunter mischen sich noch wichtigtuerische ‚Ich-komm-schon-aus-Prinzip-zu-spät'-Krawattenmänner. Im Sauseschritt und dabei am Dauer-über-Freisprechanlage-Telefonieren jagen diese verbissen zu längst geschlossenen Abflügen, um bei der dortigen Bodenbelegschaft unter atemloser Androhung des Ausschöpfens sämtlicher juristischer Mittel ein sofortiges Umkehren der bereits gestarteten Maschine zu erzwingen.

Ob Firmen- oder Familienmanager, ein ausgeprägtes pantomimisches Talent zeichnet sie alle aus. Meinen Mutmaßungen nach hat jeder ‚Ausflügler' und Besucher nur ein bestimmtes Kontingent an Worten zur Verfügung. Aber – Improvisation ist alles. Man muss sich nur zu helfen wissen.

Angestrengt-grimmige und verständnislos-stumme Blicke auf die Anzeigentafel des Abfluggates heißen für den gegenüberstehenden Airline-Bediensteten: „Sind wir hier richtig, und was müssen wir als Nächstes tun?" Der gehorsame Mitarbeiter wird die Mienenspiele selbstredend vollautomatisch richtig zu deuten wissen und dem Kunden pflichtbewusst jede Frage von den verkniffenen Gesichtszügen ablesen.

Dazu bedarf es, neben psychologisch-hellseherischem Gespür, vor allem eins: verdammt guter Nerven.

Ich weiß ja nicht, wie's Ihnen geht, aber selbst einen routinierten ‚Flugplatz-Luftwaffen-Profi' wie mich macht das alles ab und an ganz schön sprachlos.

Am Ende ist das ansteckend ...

## Der große Lauschangriff

*Ökologisch garantiert wertlos*

Wussten Sie schon: Eine unabhängige Umfrage unter **50** alleinstehenden Kleinbauern hat ergeben, dass **98 %** mit ‚Milchkuh Erna' antworten, wenn sie nach ihrer engsten Bezugsperson befragt werden ...

Solche oder ähnliche Auswüchse des menschlichen Daseins prasseln tagein tagaus über die medialen Ton- und Bildgeräte auf uns herein. Kategorisches Aushorchen ist angesagt. Man stellt sich nur die Frage, wozu und vor allem **für wen** das alles? Kaum eine Sendung aus Funk und Fernsehen, in der nicht noch zu einem *spontanen* Televoting über ein *hochspannendes* Thema aufgerufen wird.

„Finden Sie es gut, dass die Steuern weiter steigen sollen? Wählen Sie für Ja, ..." Aber klar. Find' ich natürlich total super. Sie doch auch, nicht wahr? Oder: „Würden Sie eine Entspannung der aktuellen Arbeitsmarktsituation begrüßen?" Och, wieso ...

Nichtsdestotrotz gibt es immer wieder genügend Personen, die sich dringend einmal zu Wort melden müssen. Der eine oder andere hält diese Art des modernen Lauschangriffs bereits für eine sub-demokratische Abstimmung und glaubt, durch sein Daueranrufen die nötige Kurskorrektur für Deutschland zu erwirken. Und somit ganz nebenbei und von der Couch aus im Stande ist, die Bundesrepublik durch seine mehrfachen 49-Cent-Investitionen in die richtigen Bahnen zu lenken.

Auch unsere Zeitungen machen vor der kollektiven Volksbefragung nicht Halt und bersten förmlich vor an banaler

Sinnlosigkeit kaum mehr zu überbietenden Meinungsbekundungen der Bevölkerung.

„Gemäß einer aktuellen Studie fahren **95 %** der Bundesbürger lieber in den Urlaub als zur Arbeit zu gehen. Bei den befragten Männern waren es gar **98,2 %**, während die über 80-jährigen Frauen nur mit **74 %** eine Reise dem Arbeitsleben vorziehen würden."

Geht's noch? Oder habe ich mir das am Ende nur ausgedacht ...

Wie auch immer. Können Sie sich noch erinnern, wann Sie das letzte Mal völlig ungestört und unbehelligt jeglicher mit blauen Notizklappbrettern bewaffneter Marktforschungsquälgeister durch die Fußgängerzone geschlendert sind? Und sich nicht erst durch eine Heerschar nicht abzuwimmelnder Aushilfsarbeits-Studenten, wichtigtuerischer Kamerateams von bis dato gänzlich unbekannten Fernsehsendern oder aufdringlich ausschwärmenden Laienreportern ortsansässiger Regionalradiostationen pflügen mussten, um sich dann entweder die nächste halbe Stunde mit gar lustigen Frage-Antwort-Spielchen über Gott und die Welt abzukämpfen oder ekelerregende Schokoladenverkostungsorgien, todlangweilige Waschmittelbefragungen und wahllose Produktanalysen aller Art und Güte über sich ergehen zu lassen.

Sie müssen das Haus aber gar nicht verlassen. Nein! Selbstverständlich ruft man Sie auch gerne an. Werbung und Gewinnspiele inklusive ...

Prinzipiell unterscheidet man zwischen drei Kategorien potenzieller Interviewkandidaten:

**1.** Der geschmeichelt-übermotivierte Wichtigtuer
**2.** Der Ausflüchte-stammelnde Leider-gerade-GAR-keine-Zeit-Haber

**3.** Der sich-blind-vorbeiquetschende Ellbogenausrempler (Am Telefon wäre dies der eiskalte Blitz-Aufleger.)

Es scheint so, als seien unsere Landsleute nur noch damit beschäftigt, am laufenden Band über alle vorstellbaren und unvorstellbaren Themen dieser weiten Welt zu schwadronieren. Um uns – das gnädige Publikum – mit ihren mittelprächtig-geistreichen Äußerungen zu beglücken. Ja, man fühlt sich doch auch irgendwie ganz schön wichtig, wenn einem so ein Mikrofon vor die Nase gehalten wird ... (Außer vielleicht man gehört zu den Kategorien **2** und **3**.)

Ansonsten philosophieren selbstdarstellerische Bundesverdienstkreuzanwärter, in der Sparte Ehrenpreis für besonders irrwitzige Kommentare, über alles und jeden und setzen (und sülzen!) zu ausufernden Pseudo-Fachvorträgen an, mit deren Deutung man uns allerdings dann meist alleine im Sessel sitzen lässt ... Wir werden dadurch vermutlich um so manch hochtrabende Erkenntnis gebracht, die der redselige Fußgängerzonenexperte eigentlich in die heimischen Wohnzimmer übermitteln wollte. Besonders, wenn das dazugehörige Fachwissen des ‚Sprechers der Nation' völlig gefehlt hat. – Immerhin keine schlechte Arbeitsbeschaffungsmaßnahme.

Schwergewichtige (und übrigens **wahre**) Einblicke erreichen uns von der Diät-Front. In einer repräsentativen Umfrage unter uns Deutschen hat man herausgefunden, dass nach Ansicht der Auskunftsfreudigen immer nur die anderen übergewichtig sind. Zwar lagen die Befragten mit ihren Vermutungen, **46 %** der Bevölkerung seien übergewichtig, ziemlich nahe an den faktisch **49 %**. Allerdings bezeichneten sich von ihnen selbst nur **9 %** als ‚zu dick'! Tja, was soll man dazu sagen ... Da fällt mir noch eine weitere Erhebung ein, von der ich glaube, sie irgendwann einmal gelesen zu haben (oder sie mir eventuell ganz schnell mal eben ausgedacht habe). Wussten

Sie schon, dass **88 %** der befragten Glatzenträger ‚Haare' antworten, wenn sie gefragt werden, was sie am liebsten auf dem Kopf tragen würden?

Oder diese hier: Wussten Sie schon, dass **99.9 %** der verheirateten Kleinbauern ebenfalls mit ‚Milchkuh Erna' antworten, wenn sie gefragt werden, wer ihre engste Bezugsperson ist?

Nein, wussten wir noch nicht. – Wollten wir allerdings auch nie wissen ...

## Haustiergeschäfte

*Katzenjammer*

Man kann gar nicht oft genug warnen: Stichwort Haustiergeschäfte. Da klingelt so ein windiger Hund an der Tür und möchte einem wieder irgendetwas andrehen. Hält uns einen ausgefuchsten Vertrag unter die Nase und fuchtelt wie wild mit den Pfoten herum. Nichts vorschnell unterschreiben, rate ich Ihnen! Hier läuft man nämlich Gefahr, tierisch hinters Licht geführt zu werden.

Aber die Versuchung ist natürlich schon groß ... Ein eigenes Pferd beispielsweise – welches Mädchen träumt nicht davon? So auch ich. Nun war ich schon immer ein bescheidener Mensch und hätte mich notfalls sogar mit einem Pony begnügt. Bedauerlichweise reagierte meine Mutter damals auf Tiere jeder Art (ob behuft oder unbehuft) – vermutlich aus Trotz – allergisch. Dabei wäre in Haus und Garten weiß Gott Platz genug gewesen.

Um des lieben Friedens willen habe ich mich stattdessen mit den heimischen Marienkäfern und Regenwürmern angefreundet. Erstere wurden aus organisatorischen Gründen auf eine Isolierstation – in Form eines roten Plastikeimers – verfrachtet. (Den einen oder anderen muss man eben zu seinem Glück zwingen.) Letzteren gefiel es auch recht gut in meiner Hosentasche – denke ich. Und auf diese Weise hielt das Wäschewaschen stets so manchen Überraschungsgast bereit ...

Kurzzeitig schwammen als Kompromiss ein bis zwei Goldfische durch ein gläsernes Kugelbehältnis in meinem Zimmer. Allerdings gestaltete sich der Kontakt eher schwierig. Sie drehten hauptsächlich stumm ihre Runden, und auch ihr Kuschelbedürfnis war arg reduziert. Im Wesentlichen bestand das Programm darin, sich gegenseitig anzuöden. In diesem tragischen Fall hatte ich wohl die überzeugenderen Strategien – und Flipper und Flipsi langweilten sich nacheinander zu Tode. So weit sind wir in unserer notorischen Spaßgesellschaft also schon.

Inzwischen bin ich erwachsen und könnte mir den Mitbewohner (mehr oder weniger) nach den eigenen Bedürfnissen selbst aussuchen. Nichtsdestotrotz gibt es dabei einiges zu beachten: Zwei-Zimmer-Küche-Bad, 4. Stock mit Aufzug. Ein Pferd wäre hier wohl eher ungewöhnlich. Wobei, einen Balkon habe ich ja schon ... Gut, gut. Seien Sie doch nicht so kleinlich.

Was treibt sich denn bei den werten Nachbarn herum ... Katzen – sind mir zu zickig, launisch und divenhaft. Dies alles bin ich selbst bereits zur Genüge. Hunde – müssen frühmorgens raus, und das bei Wind und Wetter. Sogar im tiefsten Winter. Ebenfalls nichts für mich. Hamster, Meerschweinchen, Kaninchen – nagen sich durch meine Telefonkabel und Elektroleitungen. Stromschlag, Kurzschluss, und am Ende steht die ganze Bude in Flammen. Kanarienvögel, Wellensittiche – nein, danke. Machen mir A) zu viel Krach und B) viel zu viel Arbeit. A) kann ich alleine ganz gut und B) bin ich faul. Wo ist es nur – das perfekte Tier für eine Egoistin ...?

Vorübergehend hat sich erst einmal eine renitente Stubenfliege aus der Hausbesetzerszene bei mir einquartiert, um mich mit ihren wilden Flugmanövern an den Rand des Wahnsinns zu treiben. Eine Liebesehe ist es nicht. Ich würde uns allenfalls als Zweckgemeinschaft bezeichnen. Um ehrlich zu sein, ein ziemlicher Reinfall.

Tja, jedem, wie er's verdient ...

*(Beitrag zur Anthologie der Literaturloge, „Tierisch gute Geschichten", ISBN 978-3-940808-00-4, deren Erlös an die Tierhilfe Spanien geht: www.tierheim-spanien.de)*

# Märchenstunde!

*Verheddert bei den Quasselstrippen*

Es war einmal eine allein durch die Gegend spazierende Kristina-mit-K, die so lange den Freud- und Kummergeschichten der zufällig vorbeischlendernden Passanten gelauscht hatte, bis sie eines schönen Abends am Gehweg Wurzeln schlug …

Hochverehrte Leserschaft, haben Sie eine etwaige Vorstellung, was ich mir schon alles anhören musste? Welche Fluten nicht enden wollender Offenbarungen und Beichten über mich bereits hereingebrochen sind? Wie viele intime Geständnisse und brisante Enthüllungen vor mir schamlos aufgedeckt wurden? Und bei denen ich mir gewünscht hätte, niemals von ihnen zu erfahren ...

Und? Wollen Sie mir jetzt auch noch selbst die Schuld dafür in die Schuhe schieben? Weil ich mir derartig mitteilungsbedürftige Freunde suche? Papperlapapp! All dies erreicht mich von mir völlig unbekannten Personen. Menschen, die ich noch nie zuvor in meinem Leben gesehen habe. Fremde. Kaum, dass ich auf der bürgerlichen Bildfläche in Erscheinung trete, ziehe ich sie geradezu magisch an.

Ich habe nun die These aufgestellt, offenbar ein für mich selbst unsichtbares Schild mit mir herumzutragen. Vielleicht eine Art psychologischer Heiligenschein. Der mobile Notdienst für alle Kurzentschlossenen. Oder aber, mir steht mit Zauberstift in riesigen Buchstaben auf die Stirn gepinselt: ‚Bitte sprechen Sie sich bei mir mal so richtig aus! Jetzt und sofort. Haben Sie bloß keine Hemmungen! Ich habe Zeit – gaaanz viel Zeit.' Nun, es könnte sein, dass die Einladung ein wenig lang wäre für meine Stirn. Das spräche dann wohl eher für Variante eins.

Wie auch immer. Als ehrenamtliche, freischaffende Seelsorgerin bin ich in jedem Fall irgendwie erkennbar und allzeit bereit für die nächste öffentliche Sitzung. Ich habe ja sonst nichts zu tun, wenn ich gerade meine Einkäufe erledige, auf den Zug warte, oder – was besonders gefährlich ist – in der S-Bahn sitze. Oder im Flugzeug. Aber an Möglichkeiten zum einseitigen Gedankenaustausch mangelt es mir nun wahrlich nicht.

Meine Laufkundschaft ist bunt gemischt. Von der alten Omi im Wartezimmer über den Geschäftsreisenden in der Luft bis zum Straßenstreicher auf der Buswartebank ist so ziemlich alles geboten, was das Herz begehrt. Auch die Inhalte der kommunikativen Ergüsse lassen keine Wünsche offen. Es gibt nichts, was es nicht gibt – und was man mir nicht dringend einmal kundtun müsste. Mich sozusagen exklusiv in die Höhen und Tiefen, Längen und Breiten und, vor allen Dingen, in die Abgründe ihres Lebens einzuweihen. Nicht selten von der Geburtsstunde angefangen bis heute.

Ich nehme rückblickend an Geschehnissen teil, in einer Bandbreite von Erlebnissen im Zweiten Weltkrieg über heimliche Seitensprünge, hochdramatische Hausexplosionen, weitschweifige Fachvorträge – aus den Bereichen Wissenschaft, atomare Kernphysik und ökologisch erneuerbare Energien, langwierige medizinische Leidenswege – inklusive der komplett wiedergegebenen Krankenakte (von sich selbst und der gesamten zugehörigen Sippschaft) – bis hin zu abenteuerlichen Geheimdienstverwicklungen. Um nur mal ein paar herauszugreifen. Alles schon vorgekommen.

Zugegeben, hin und wieder nimmt es auch für mich bizarre Formen an. Skurrilitäten von schier unfassbarer

Dramaturgie, die angeblich das Leben der vertrauensseligen Plaudertaschen selbst geschrieben hat. Immer würde ich meine Hand dafür allerdings nicht ins Feuer legen wollen ... Da liegt schon ab und zu die Vermutung nahe, dass der Gaul mit meinem Gegenüber gewaltig durchgeht, und ich mit den beiden auf einen Fantasieexkurs ins Land der Märchen galoppiere. Wen kümmert's? Ich bin an jeglichen noch so ausufernden Lebensläufen, einschläfernden Bildungsvorträgen, herzzerreißenden Tragödien – ob wahr oder frei erfunden – wirklich jederzeit brennend interessiert. Im Detail versteht sich.

Nein, wie kommen Sie nur darauf, dass es mich langweilen könnte? Absolut nicht. Ich reise mit zu den letzten 98 Urlaubszielen, gehe auf nachträglichen Krankenbesuch ihrer jeweils 6354 Operationen und Zipperlein. Und wer bekommt schon, so ganz nebenbei, noch eine ausführliche Gratisanalyse der Aktienwerte des südchinesischen Marktes?

Den einen oder anderen Termin habe ich dadurch natürlich schon mal verschwitzt ... Aber manchmal muss es eben raus.

Eine Frage bleibt: Wieso ausgerechnet immer ich? Andererseits, bei meinem Zulauf bleibt eigentlich kaum jemand übrig. Ich glaube, ich bin inzwischen zu einer anerkannten Koryphäe auf dem Gebiet der Quasselstrippenbändiger aufgestiegen, und mein guter Ruf eilt mir voraus.

Denn niemand kann mir vorwerfen, dass ich nicht alles für meine erzählfreudigen Geschichtel-Wichtel täte! Ob gespanntes Neugierigsein, ergriffenes Schweigen, ein spontaner Lachanfall, sensibles Mitfühlen und stets gebanntes An-den-Lippen-hängen – alles in meinem Standardprogramm. Ich habe als Extras obendrein ein beachtliches Repertoire an jederzeit zuschaltbaren Mienen-

und Gestenspielen auf Lager. Und so leiste ich doch einen beträchtlichen Beitrag für das mentale Allgemeinwohl! Jeden Tag eine gute Tat – alter Pfadfinderleitspruch. Und auf den Pfaden des täglichen Lebens wandelnd kann das nicht schaden.

Eines Nachmittags wurde ich bei meiner spontanen Sprechstunde direkt an der Autotür von einem herbeistürzenden Zeitgenossen abgepasst und für eine geschlagene Dreiviertelstunde voll und ganz in Beschlag genommen. Es war Winter. Es war kalt. Und ich wäre in Eile gewesen. Gewissenhaft mühte er sich, mir kein Thema seines bisherigen Lebens vorzuenthalten. Die belustigten bis mitleidsvollen Blicke der Parkplatzbesucher und nicht zuletzt die Tatsache, dass ich selbst auf Gehhilfen im Schnee neben meinem Wagen balancierte – und mich am Ende bedauerlicherweise nicht mehr rechtzeitig zur Physiotherapie loseisen (selten hat dieses Wort so gut gepasst wie hier) konnte – machten diese Unterredung doch etwas, na sagen wir, speziell. Hier gilt es schlichtweg, Prioritäten zu setzen. Und wenn es doch einfach mal gesagt werden musste!

Deshalb, sollten auch Sie irgendetwas loswerden wollen – ich bin sicher, Sie finden mich! Es könnte nur sein, dass ich bereits belegt bin ...

*Und da steht sie nun, bis ans Ende ihrer Tage, und wartet wohl vergeblich auf den stummen Ritter mit dem weißen Pferd, der die Wurzelenden mit seinem Schwert zu durchtrennen vermag ...*

*ENDE*

## Über die Autorin

Kristina Löffler wurde am 20. Juni 1978 in Hof an der Saale geboren und ist als mittleres von drei Kindern im oberfränkischen Städtchen Rehau aufgewachsen.

Schon von klein auf zeigte sie ihre leidenschaftliche Begeisterung für Rollenspiele und gab Geschichten zum Besten.

Die Lufthanseatin und ehemalige Stewardess kam bereits viel in der Welt herum und lässt sich immer und überall von ihren Beobachtungen und Erlebnissen inspirieren.

Inzwischen arbeitet sie an einem Roman und schreibt mit Vorliebe Satiren und Gedichte.

Die Webseite der Autorin: www.kristina-mit-k.de